種在星月下的種子

戰爭與愛

■上右／對戰爭的恐懼，反映在難民孩童的畫作裏，更渴望能擁有一個溫暖安定的家。（攝影／周如意）■左上／慈濟招募敘利亞難民大學生投入志工，一起關心需要協助的難民家庭。（攝影／余自成）■左下／慈濟發放現值卡予難民，並邀請大家響應小額捐款，為天下苦難人付出。（攝影／余自成）

溫暖祝福

■上圖／蘇丹加濟市敘利亞難民手拿慈濟物資領取券排隊入場。（攝影／黃世澤）■左上／臺灣彰化南郭國小透過義賣，援助土耳其敘利亞難民；難民學童感恩來自臺灣的愛心。（攝影／余自成）■左下／每年三月第三個星期四是敘利亞教師節，志工舉辦感恩活動，期勉學生尊師重道。（攝影／余自成）

WC

重回校園

■上圖／敘利亞難民學童與胡光中夫婦親如一家人。（攝影／蕭耀華）■左上／滿納海中小學六所分校向土耳其學校借用教室，選定納林大樓作為新校舍後，租賃業主力邀廠商以成本價隔間裝修。（攝影／余自成）■左下／滿納海前五個校區學生合併到新校舍上課，家長帶學生前往註冊。（攝影／余自成）

NARİN PLAZA

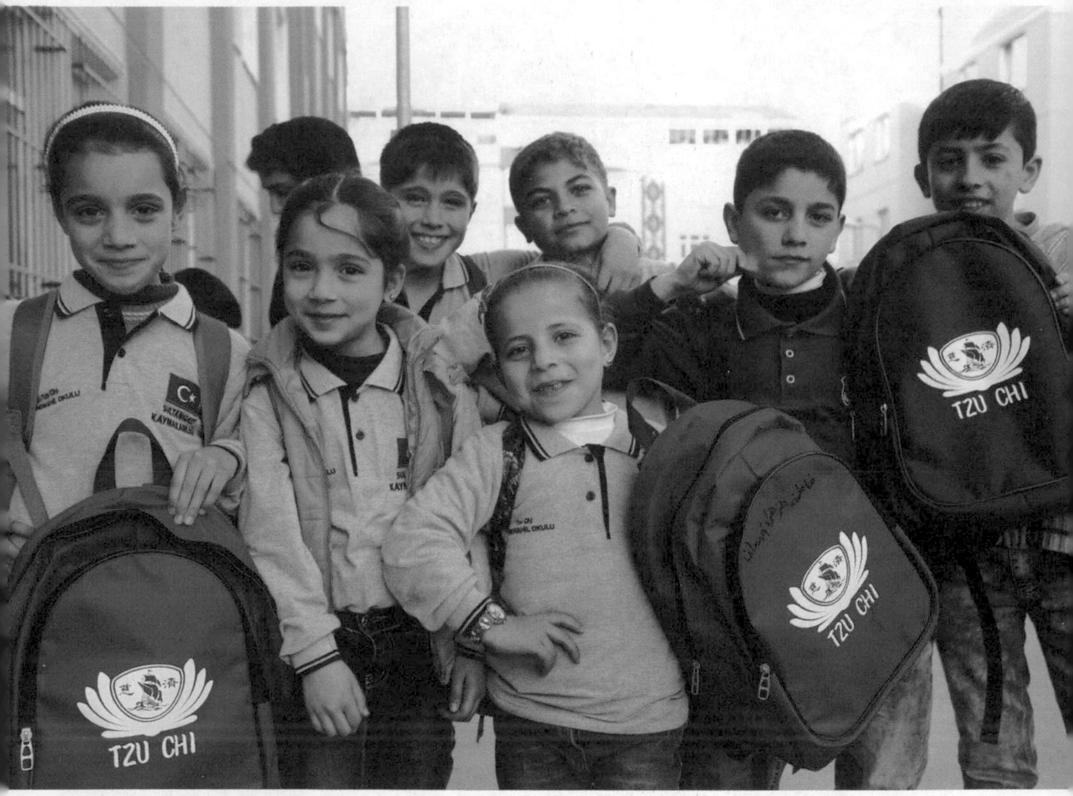

認真學習

■上圖／慈濟志工至滿納海中小學發放書包，學生開心合影。（攝影／余自成）■左上／逃離戰火中的家園，失學的敘利亞孩童珍惜重拾書本的機會。（攝影／黃世澤）■左下／滿納海學校於週六、日開設土耳其文、阿拉伯文、古蘭經「假日學習班（掃盲班）」，幫助難民儘快融入當地。（攝影／余自成）

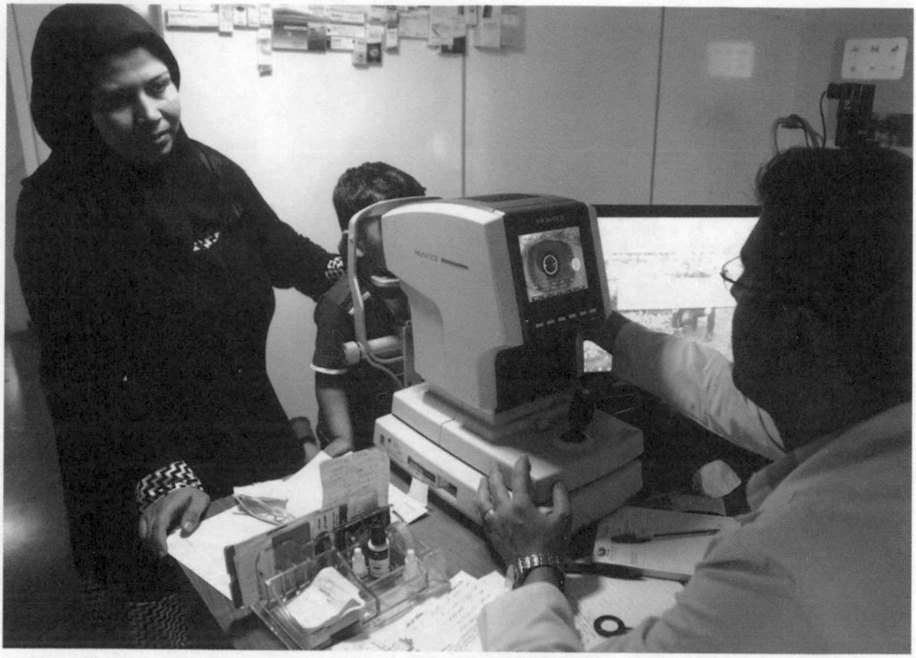

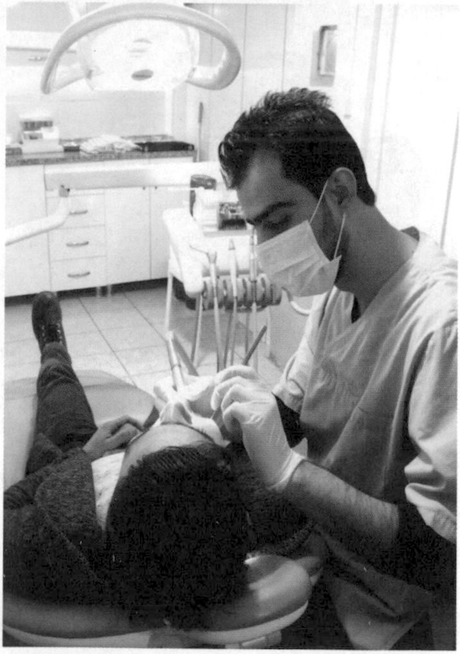

身心安康

■上右／慈濟義診中心設有牙科、眼科、婦產科、骨科等，麻雀雖小，五臟俱全。（攝影／余自成）■左上／義診中心成立，醫師、難民志工、孩童與慈濟志工開心合影。（攝影／余自成）■左下／慈濟義診中心主任薛海勒，曾在敘利亞擁有三家醫院，逃難時「套了件褲子就跑出來」。（攝影／余自成）

我
們
做
到
了

台灣慈濟慈善
義診服務
الخيرية
الطبي للعلاج

人文飄香

■上圖／滿納海一校成立後，周如意曾在學校教小朋友學習手語歌。（攝影／蕭耀華）■左上／茶道不僅能涵養人文，更能落實在生活，周如意鼓勵學生在家能為父母奉茶。（照片提供／土耳其聯絡處）■左下／花道課程讓難民學童感受被愛，覺得自己就像「正常」的孩子般。（照片提供／土耳其聯絡處）

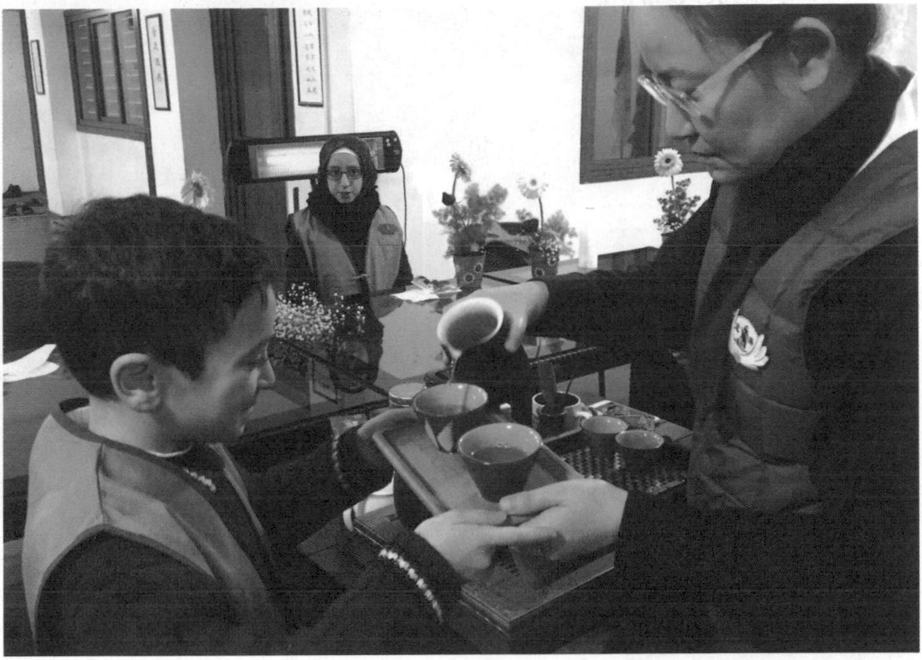

心懷感恩

■上圖／臺灣僑務委員會參訪滿納海中小學，學生以歌舞迎賓。（攝影／余自成）■右圖／滿納海學生勤學中文。（攝影／許長欽）■左上／讀書樓提供難民孩童食宿，卻經費拮据，慈濟得知後列入補助對象。（攝影／蕭耀華）■左下／滿納海學童在畫作中，發願長大後若有能力也要助人。（攝影／蕭耀華）

滿納海 高中小
台湾
Thank you Taiwan
Faisal

土耳其簡介

地理位置——地跨歐亞兩洲，北臨黑海，與羅馬尼亞、烏克蘭和俄羅斯相望；南臨地中海，遙望賽普勒斯、埃及和以色列；東與喬治亞、亞美尼亞、亞塞拜然、伊朗、伊拉克和敘利亞接壤；西臨愛琴海，與希臘、保加利亞接壤。安納托利亞半島和東色雷斯地區之間，為博斯普魯斯海峽、馬爾瑪拉海和達達尼爾海峽，屬黑海海峽，別稱土耳其海峽，是連接黑海以及地中海的唯一航道。

面積——七十八萬餘平方公里。

人口——近七千九百萬人口中，土耳其人占百分之七十以上，庫德人占百分之十八，其他少數民族拉茲人、含姆辛人、亞美尼亞人、亞述人等約占百分之十二。

語言——百分之九十人口使用屬阿爾泰語系的土耳其語，其次為庫德語、阿拉伯語和希臘語。

首都——首都安卡拉，最大城市伊斯坦堡。

氣候——屬溫帶地中海型氣候，南部和西部氣候溫和，夏季乾熱，冬季多雨；黑海沿岸，涼爽溼潤；內陸、東北、東南部冬季寒冷，夏季乾熱。

經濟——世界第十三大國內生產總值（購買力平價）的經濟體，為經濟合作暨發展組織（OECD）創始會員國，也是二十國集團（G20）成員。一九九五年成為歐盟海關同盟的一員，目前申請加入歐盟會員中。建築、旅遊業興盛，觀光業以考古與歷史遺跡探訪，以及愛琴海與地中海沿岸休閒渡假為主，但受近年恐攻事件影響，遊客大幅降低。

宗教——伊斯蘭教占總人口百分之八十三，基督宗教為百分之二。

目錄

【推薦序／張景安】

人間煉獄中的一線曙光

敘利亞自二〇一一年內戰爆發後，因衝突延長及多國角力，使得該國近半數約一千一百萬人口，被迫在境內流離或成為境外難民。

敘利亞難民危機，被視為自二次世界大戰以來最嚴重的人道危機，來自各國的國際組織前仆後繼，提供敘利亞難民不同程度的援助。

對多數國人來說，敘利亞是一個陌生且遙不可及之地，但令人感動的是，距離八千公里之外的我們，並未缺席此次國際人道援助。

自二〇一四年中起，在土耳其臺商胡光中夫婦、余自成以及敘利亞主麻老師的奔走下，臺灣於土耳其伊斯坦堡難民的援助救濟，已服務超過一百五十萬人次；此義舉不僅受當地政府認同，亦被世界看見及讚許。

個人有幸於土耳其進行研究期間，受到胡大哥夫婦照顧，並數次參與慈濟於當地的活動。所見所聞，對敘利亞人民之苦深感痛心，對胡光中夫婦之義行則深感敬佩。

胡大哥曾對我說他開始這些活動後，便很少去辦公室；新進員工看到他，甚至不知道他是公司老闆。還聽他述說經歷過的許多危險事蹟，但是他們夫婦仍無所畏懼，實是令人景仰；他們臉上散發出的快樂及生命價值，是不言可喻的。

本書作者陳美羿為撰寫此書，親赴土耳其參與慈濟發放活動，並訪談當地的志工及敘利亞人民，返臺後又繼續追蹤相關的人事物。樸實的文字，道出了敘利亞人民八年多來沈重的痛，閱讀文字，受訪者的言行感受躍然紙上，彷彿身歷其境。

臺灣目前人民生活情況，雖非大富大貴，相較於多數國家，已是名列前茅。一九四九年後出生的人，「戰爭」一詞是個陌生的詞彙，即便如此，能去苦他人之苦，痛他人之痛，實乃同理心之表現。

在生活水平上升之際，如何提升人文素養及道德情操，對一個國家的整體發展至關重要。仁義道德人人會說，但不同於那些嘴上功夫，此書中所記載的是真實的人道精神實踐與表率。

如同《古蘭經》第五章第三十二節中所示：「凡枉殺一人，如殺眾人；凡救活一人，如救活眾人。」對於需要援助的人們，無論認識與否，皆該抱著無望回報之心予以支持。

此書的問世，不僅對慈濟於土耳其的義舉及敘利亞難民情境有詳盡的紀錄，同時是一個人文精神的展現。相信此書能在紊亂紛雜的當前社會中，提供富含感恩情懷的正面能量。

（本文作者為國立政治大學阿拉伯語文學系助理教授）

【推薦序／劉效成】

完成愛的任務

二〇一七年八月，我第一次踏上土耳其這個歷史悠久、橫跨歐亞大陸的國家，不是去參訪舉世聞名的藍色清真寺或博斯普魯斯海峽。而是代表臺灣慈濟基金會去探望一群未曾謀面的敘利亞難民兒童，希望能幫這些飽經戰火蹂躪、逃到異國的孩童，找到一個新校舍——滿納海國際學校的新家。

時光倒流到二〇一一年初，敘利亞受到阿拉伯之春的影響，原希望爭取民主自由的反對派與政府軍間的衝突蔓延全國，最終演變成內戰。這個人口數比臺灣稍低的文明古國，繁華古城一夕間變成了殘垣廢墟，造成數百萬人民流離失所，流亡鄰國。

就在此時，離敘利亞北部邊境一千多公里的土耳其蘇丹加濟市，三位在土耳其經商的臺灣慈濟志工——一對穆斯林夫婦及一位佛教徒，為援助敘利亞難民，展開一段感人肺腑的故事。

我第一次跟胡光中交談是在二〇一六年十月，他們夫婦回到花蓮跟慈濟慈善基金會同仁分享如何在土耳其幫助敘利亞難民的故事。當時胡光中夫婦及敘利亞主麻教授已借用土耳其學校，為敘利亞難民孩童成立了六所滿納海學校。但土耳其法令改變後，將滿納海學校校長都換為土耳其人，並規定必須用土耳其語言教學。為讓敘利亞兒童能繼續用自己的母語阿拉伯語接受教育，他們不斷尋覓建校的土地。

此時，卻發生令人震驚的土耳其流產政變，造成兩百多人死亡。因此政變，胡光中夫婦暫時無法回到土耳其，讓處境更加艱困的敘利亞難民以為胡光中夫婦已放棄他們。

十月二十二日凌晨，胡光中收到滿納海學校三校校長代表全體師生來信，這封信讓他徹夜難眠，第二天一早胡光中掉著眼淚分享來信內容。信中聲聲呼喚：請求慈濟、請求胡光中，不要放棄他們。

雖不曾見過任何一位敘利亞人，但我的心卻跟著哭泣，感受他們絕望的心聲。我不知道能為這群苦難的人做些什麼，只能默默地為他們祈禱。我深深體會證嚴法師所說的，「人傷我痛，人苦我悲」；雖然相隔千里，彼此種族、宗教、語言不同，但那分愛與關懷是心心相連的。

時序進入二〇一七年年中，眼看又要進入新的學年。孩子的教育不能等，援建學校的校地因種種因素尚未確定，如等建校完成，孩子又需再等待一兩年，因此思考是否租用大樓來辦校？經請示通過後，成就後續滿納海國際學校大樓租約簽署的因緣。

八月的土耳其陽光普照，見到在土耳其的慈濟鐵三角（胡光中、周如意夫婦及余自成）外，也見到伊斯坦堡省蘇丹加濟市阿里市長及他的兩位得力助手——衛生局長及教育局長。

阿里市長非常和藹可親，透過翻譯表達他非常感動遠在千里外的臺灣慈濟人，願意對非親非故的敘利亞人伸出援手。他希望退休後能加入慈濟成為志工。若非阿里市長的協助，慈濟在土耳其蘇丹加濟市的義診及助學工作將無法順利推展，這一切都要感恩阿里市長的擔當。

最晚開學日為十月初，即使馬上簽定租約，大樓還需裝潢及通過各種消防安全檢查，直覺是一件不可能的任務，還好有胡光中之前的努力，在各方面結的好人緣。不到兩個月的時間，突破萬難，化不可能為可能。

作者陳美羿文筆流暢，有機會先行拜讀此作，對慈濟在土耳其援助敘利亞難民的緣起及經歷，有了更深刻的體會，也對過程中所有投入的人致上最高的敬意。「菩薩所緣，緣苦眾生」，只有走入苦難，才能體會付出的感動與感恩，也更珍惜平安生活時，要知福惜福同時再造福。

記得一位土耳其前國會議員說的話，「真主阿拉教導穆斯林要像兄弟般彼此友愛」，在遠從八千公里外來幫助敘利亞人的臺灣佛教慈濟人的身行上，我看見了阿拉的教導。

愛讓我們相聚在這裏，也衷心祝福敘利亞人能早日離苦得樂，重建家園。

（本文作者為慈濟慈善事業基金會副執行長）

【自序／陳美羿】

我為什麼要寫這本書

二〇一八年十月中，我突然接到慈濟人文志業中心的委託——去土耳其採訪慈濟志工幫助敘利亞難民的故事。編輯說，土耳其聯絡處負責人胡光中正在花蓮，有兩場演講。我立刻從臺北趕過去，聽他說起四年多來幫助難民的經過，真是高潮迭起，而且「亮點」很多，感覺寫起來應該會很精彩。

十一月初，志工文素珍陪我飛去伊斯坦堡採訪一個月，回來繼續追蹤。我才知道，四年多來慈濟志工為難民所做的，不是阿拉丁神燈變魔術般，一下發放救助六千戶；一下辦出一個國際學校；一下辦出一個義診中心……

土耳其的慈濟人只有胡光中、周如意夫婦，加上余自成三個人。一路走來，都是崎嶇坎坷，步步艱辛，但是他們秉持大無畏的精神，披荊斬棘，一步一腳印走出耀眼的成績，不但受到土耳其政府肯定，聯合國和歐盟也來請益、學習。我只恨自己笨拙，無法表達他們的堅苦卓絕於萬一。

胡光中是一個穆斯林，擔任慈濟在土耳其的負責人，我曾問他有過掙扎嗎？他說當然有。但是證嚴法師的「大愛無國界」理念，讓他破除疑慮，並勇於承擔。

二〇一四年，胡光中發現原來伊斯坦堡也有敘利亞難民之後，就一頭栽進去。因為父母都是幼年時，跟隨長輩從大陸逃難來臺的，所以胡光中自承是難民的後代。而他在利比亞讀書的時候，親歷美軍轟炸和物資缺乏的景況，所以他對難民的處境，更能感同身受。

四、五年來，最大的支持力量，首先是來自證嚴法師和全球慈濟人；還有土耳其籍的阿里市長父子及友人；敘利亞籍的主麻教授和他帶領的大批難民志工。

胡光中是一個成功的商人，因緣前定，他感恩真主阿拉，讓他有機會去幫助敘利亞難民。豪邁的他，其實是個思慮縝密的人，碰到天大的困難，總在他談笑間化解。他說過：「我要多結善緣，不樹敵。」但是面對太過無理性的惡劣行徑，他也會放話：「絕不輕饒。」

談起少數的牛鬼蛇神，有想從他身上要好處而不果的、有想享有特權而無法如願的，因忌妒而抹黑、毀謗、攻擊，無所不用其極。面對這些人，他說：「我很同情他們，他們真可憐。」

認識胡光中將近二十年了，但就這幾個月的相處和深入訪談，我才真正知道什麼是穆斯林？更由衷地佩服他。我想用「能受天磨方鐵漢、不遭人忌是庸才」來形容他，應該是最恰當的吧！

我從土耳其回來以後，變得敏感而脆弱，看到什麼都想掉淚。比如路上奔馳的車輛、花園邊上的貓貓狗狗、攜手散步的老夫妻、擦身而過的嬉鬧小朋友，尤其是夜裏大樓透出來的燈光，我凝視久久，垂淚不已。我流下的，是無比感恩的淚。生長在臺灣，幸運又幸福，能不感恩嗎？

一九四九年的臺灣，殖民五十年的日本人走了，國民政府來了。百廢待舉的蕞爾小島，從接受外援的貧困，到戮力奮鬥致小康，再到今日的豐足富裕。七十年，我親身見證它的蛻變。

七十年太平的日子裏，記憶中有過幾次的事件、幾次的學運，幸而都是雖有動盪，但終究平息，算是有驚無險。臺灣逐漸邁向改革、進步，儘管一直有不少的論戰，但政權轉移、輪替，都是在和平中進行。這是臺灣民主成熟的果實，也是臺灣人的幸運和驕傲。

七十年的太平歲月，我的生命中沒有戰爭。只在報章雜誌、電視、電影中看到過，畢竟都不是真實發生在我身邊的。

在土耳其，近距離接觸到敘利亞難民，看到劫後餘生的人。聽他們講坦克掃射、飛機轟炸、狙擊手、逃難、死亡。他們控訴並祈求：這些慘痛，要讓世界都知道！讓大家都知道！

訪談過程中，生活在幸福寶島的我，除了敘利亞，還和幾個遠在數千公里外的國家有了奇妙的連結。胡光中留學八年的「利比亞」、上門向慈濟求援的「葉門」司法部副部長、加薩走廊的「巴勒斯坦」青年穆罕默德，這些國家都是連年征戰、飢餓、民不聊生；還有匆匆來去的希臘，那個愛琴海邊美麗又曾經破產的國家。

這些都是我難以想像的，一生平平順順，生長在社會安定、經濟富足的臺灣，碰觸到那麼強大的悲慘能量，有幾次幾乎讓我招架不住。

兒子子豪問我：「你是情緒陷溺，若無法自拔，要不要去看心理醫師？」最後他問我：「想想看！為什麼要寫這本書？」

子豪陪我觀賞《私人戰爭》，那是任職星期天泰晤士報的戰地記者，美國籍的瑪麗．柯爾文的傳記電影。瑪麗三十年來像飛蛾撲火般地奔赴每個戰場，目睹戰爭現場的她，因為痛苦得受不了，曾經酗酒，甚至想輕生。

她在斯里蘭卡失去了一隻眼睛，二〇一二年在敘利亞霍姆茲失去了生命。罹難前，她冒險直播給 BBC、CNN、ITN NEWS，一小時之後，因衛星電話被鎖定轟炸而殉職。瑪麗曾說，她的工作就是「做一個戰爭見證人」，最後她用生命把戰爭的真相告訴了世人。

有人推薦我看《走入敘利亞破碎的心臟》，作者薩瑪．雅茲別克是敘利亞女記者，原已流亡巴黎，卻三度偷渡進出故國，親眼目睹遭到殘暴蹂躪的無辜民眾。

她出生入死在採訪報導之外，唯一的訴求就是「讓全世界的人都知道」敘利亞內戰的真相。

雖然我不像兩位女士那樣走上最前線，但是我很清楚，我的任務也是要告訴世人，戰爭是多麼愚蠢、殘酷。戰爭沒有贏家，唯一的贏家是「破壞」和「死神」。

同時我也要告訴大家，戰火無情，人間有愛。敘利亞內戰，雖然有些國家袖手旁觀，但是鄰國的約旦、黎巴嫩、土耳其都伸出援手。尤其是土耳其，接納超過三百六十萬難民，這個溫暖的擁抱，將在歷史上永遠留下一筆。

我更要告訴大家的是，哪裏有災難？慈濟就在那裏！敘利亞難民的悲苦，遠在八千公里外的臺灣沒有缺席！

成立五十三年的慈濟，濟助過九十多個國家。無所求地對敘利亞難民傾力救援，證嚴法師帶領全球慈濟人做後盾；胡光中做前鋒執行，旁邊還有菩薩伴侶周如意、知心摯友余自成。他們不但做生活物資上的濟助，還有真心的愛與陪伴，更重要的，就是證嚴法師期許的，拔除難民們心中的仇恨，種下愛。唯有愛，才能救贖。

英國女作家伍爾芙曾經說過：「一切不曾發生，直到它被記述。」是的，留下紀錄太重要了。因為這是一個大時代的歷史，也是慈濟的歷史，所以我花了很多的時間和心力，詳細訪談、仔細比對、查證資料，務必做到精準無誤，如實地寫下來。

二〇一二年底，子豪去約旦一個月，採訪慈濟幫助敘利亞難民的事蹟，二〇一四年出版《烽火邊緣愛的約定》一書；而我這個母親，像接棒似的，有緣撰寫本書，也是幫助敘利亞難民的故事，只是地點和人物換成了土耳其。

我們希望讓世人都知道，戰火無情，人間有愛。更希望數十年後、甚至數百年後，有學者要研究敘利亞內戰，不止研究戰爭，還要發掘其間多少人伸手救援的美事。或許這兩本書是可貴的文獻，可以提供研究者一些線索和資料。特別是佛教和伊斯蘭教毫無違和地攜手同行，是多麼令人動容的事。

最後我要說的是，生在臺灣，無比幸福。願大家珍惜、疼惜這塊土地。天佑臺灣！

楔子　敘利亞難民的悲歌與救贖

縮影

二八年華，花一般的女孩，她是娜吉娃。

這一天，我們跟著娜吉娃搭校車去她家。天氣非常冷，將近十二月了，土耳其伊斯坦堡蘇丹加濟市（Sultan Ghazi）氣溫大約十度，又下著濛濛細雨，每個人都裹得緊緊的。

校車來了，滿納海國際學校（El menahil international school）的學生分別上了不同路線的車子。往加濟馬哈拉（Gazi Mahallesi）的小朋友上了車，娜吉娃也上了車。她回頭朝我們笑著，招呼我們上去。

校車上十幾個孩子唱著歌，是阿拉伯語的，我們聽不懂。車上有一位隨車的大姊姊，沿路打開車門讓孩子下車回家。

到了娜吉娃家，她吃力地、也熟練地，一步步上了階梯，到了平臺，再下階梯走到地下室的屋子。姑姑、姑丈和兩個小女孩在家，三個大的孩子去上學——讀的是土耳其學校。

娜吉娃回房放下書包，把白頭巾換下來，包了條黑的，更顯得她的明眸皓齒，令人憐愛。

在土耳其經商三十一年的余自成，面對只會說阿拉伯語的娜吉娃一家人也是無法溝通。娜吉娃很著急，她在我的筆記上寫了三行字，也打開手機給我看她的插花作品。

後來，我請精通阿語的慈濟土耳其聯絡處負責人胡光中翻譯，原來她寫的是：「我的名字叫娜吉娃哈勒夫，十三歲從敘利亞阿勒坡來的。我現在住在土耳其伊斯坦堡，今年十六歲。」

當天一屋子人語言不通，怎麼辦？最後，余自成打手機給熟諳土語和阿語的學校老師當翻譯，才能進行簡單的對話——

二〇一三年，娜吉娃的父親被伊斯蘭國（ISIS）抓走殺害；之後，二媽和一個弟弟也無故失蹤；四歲的小弟被坦克車掃射重傷，三天後死亡。

二〇一六年十二月二十二日，炸彈從天而降，母親和兄姊弟妹十人全部罹難。娜吉娃從瓦礫堆中被救出，送到醫院截去雙腿。爾後被送到敘利亞西北部的伊德利卜，再到土耳其，慈善團體「人權、自由及人道救援基金會（Humanitarian Relief Foundation，簡稱 IHH）」協助裝上義肢，人道組織將她姑姑一家人接來照顧她。

二〇一八年二月他們來到伊斯坦堡蘇丹加濟市，進入滿納海國際學校就讀五年級。校長主麻（Cuma）教授告訴她：「你是真主阿拉最鍾愛的孩子。真主阿拉對祂喜愛的人，會給她多一點的考驗。你從災難中挺過來，勇敢面對生命，你的忍耐所得到的回賜，是無法衡量的，無法想像的。」

娜吉娃的故事，是敘利亞八年戰亂，五百多萬外逃難民的縮影。

戰爭

二〇一〇年，北非突尼西亞發生茉莉花革命，推翻獨裁政府。革命浪潮席捲鄰近國家，史稱「阿拉伯之春」。

隔年一月，敘利亞爆發反政府示威活動，逐漸演變成武裝衝突，最終導致政府軍和自由軍的內戰。八年的烽火，美麗的敘利亞變成人間煉獄。

滿納海學校，年輕的數學老師馬木特說：「我若不逃，必須去當兵。我不是去殺人，就是被殺。」

十二歲的歐斯曼，五年前在阿勒坡家裏中彈，被埋在瓦礫堆中，死裏逃生，如今頭上還留有炮彈碎片。

生長在大馬士革的教長胡笙說：「我莫名其妙挨了兩槍，一槍貫穿小腿，一槍打在大腿，而且子彈卡在骨頭裏面。我昏了過去，醒來時，發現自己被丟在垃圾堆裏面。」

二十九歲的珠曼娜有四個孩子，逃難時，老五還在肚子裏。逃到邊境，土耳其士兵先賞她先生兩巴掌，吼道：「你們是恐怖分子，滾回去！」

「我們住的東古塔被政府軍圍城五年，對外聯通道路被切斷，斷水、斷電也斷糧，還遭受化武攻擊。」四十六歲的菲莉亞背對著我們，一邊拭淚，一邊訴說。

「六月，眼看麥子可以收成了，卻有軍人進來，放火把麥田燒個精光。」穆斯林對很多動物是不吃的，但是後來教長宣布：「貓肉、驢肉都可以吃。」

也是從東古塔逃出來的阿斯瑪說：「最後沒得吃，我們就吃草和樹皮。葡萄的葉子煮水喝，當作一餐。」

「人們把樹砍掉，當作燃料；或把塑膠燒成汽油，黑煙衝天，飛機就來轟炸。」菲莉亞說：「因為挨餓，嘴巴都很臭，只好吃荳蔻，掩蓋臭味。」說完，菲莉亞拿出一個小瓶子分給我們每人一小撮的荳蔻。

化學武器攻擊是一場惡夢，在醫院工作的大兒子曾錄下受化武毒害的影片，慘不忍睹。

菲莉亞說：「老二也曾中毒，但他很幸運被救回來；我舅舅的女兒就罹難了，她是在我面前死去的。」

二〇一七年初，政府軍和俄羅斯的飛機對東古塔狂轟亂炸，日夜不停地轟炸了十多天，人們躲進地下室，地面的房屋被摧毀百分之九十。

菲莉亞說，小兒子約瑟夫曾經親眼目睹，對街的十幾個人被炸死，嚇得哭回地下室。

訪談結束後，我們急急回到學校，找到約瑟夫，問他東古塔的種種。約瑟夫似乎不太願意談，只說被炸死的人，他都認識。「有些是我的朋友，有些是爸爸的朋友。」

「來土耳其好嗎？喜不喜歡土耳其？」

「剛開始去土耳其學校，聽不懂他們的話，同學也會欺負我；來滿納海比較好。」

約瑟夫遲疑了一下說：「我喜歡土耳其，因為在這裏可以吃得飽。」

達拉圍城也是如墮地獄，當地流傳的一句話是：「好羨慕死去的人！」

異域

在慈濟急難救助站，我們遇見來自阿勒坡的年輕太太依曼。她有三個孩子，還有八個月的身孕。她說：「在柯利斯難民營住了五年帳棚，夏天熱昏，冬天冷得半死。」

五個月前來到伊斯坦堡，先生打零工，一天五十元（當時約合臺幣三百元）。一個月不敢休息，也只有一千多塊，扣掉房租六百五十元，幾乎要挨餓。依曼的兩個孩子在滿納海讀書，家裏還有個兩歲的。她說不知道生產時怎麼辦？在慈濟義診中心看病、產檢免費，但義診中心不能接生，在其他醫院生產要一千五百元；還有，嬰兒出生後怎麼辦？

義診中心志工阿布艾萊，原本在阿勒坡有工廠，生產毛衣、帽子、手套、圍巾；也有店面門市。

戰爭時逃難出來，一無所有。一九九七年研發生產的第一條圍巾，他帶出來，天天圍著，他說看到它，就覺得希望在眼前。「終有一天我們會回去！」

談起戰爭，他哽咽地說不出話來，接著哭了；擔任翻譯的胡光中也哭了，我也哭了。他說了幾個悲慘的真實故事，最後說，戰爭是很愚蠢的事。

傑明先生逃難時，從故鄉帶出來一把泥土和一顆羊的便便。看他親吻著泥土，老淚縱橫，旁觀者無不動容。

我沒有機會見到這位傑明先生，胡光中說，他因為太思念故鄉，所以在戰事稍微平息之後，就想盡辦法回去敘利亞。但是故鄉已被打得稀爛，他的心碎了。兒子說：「爸爸想再來土耳其，但是出不來了。」

八年內戰，五百多萬人逃向鄰國，七百多萬人在國內流離失所。這是誰的「罪」與「罰」？

在故國，他們可能是醫師、會計師、工廠老闆。但是出逃之後，他們只有一個共同的名字，叫做「難民」。

有大學文憑，也有教師執照的馬木特，偷渡到土耳其，只能到成衣廠打黑工。他說：「你們相信嗎？我有很多『同事』，他們只有七、八歲。」

穆罕默德跟著父母來到土耳其，八歲就到鞋子工廠當童工。他的老闆情緒非常不穩，動不動就要打人。

「老闆抓到什麼就用什麼打，沒有東西就甩巴掌。」穆罕默德說：「我們工作很認真，不敢偷懶，但是他天天都要打我們。最嚴重的一次是被推去撞牆壁。」

穆罕默德回去告訴父母，父母也很無奈，只安慰他：「忍耐吧！祈求真主阿拉來拯救我們。」

二〇一四年，慈濟在蘇丹加濟市成立滿納海學校，提供敘利亞學童就學，並到工廠找出童工，付孩子薪資當作家庭補助金，讓孩子背著書包去上學。

十二歲的阿里，因身為大學教授的父親失業，必須和兄姊一起負擔家計。每天早上八點到鞋廠工作，晚上八點才下班回家。一天工作十二個小時，上洗手間的時間只有十三分鐘。

「下雪的時候很冷，我都起不來。」阿里掩面哭泣：「我壓力很大，我想回去敘利亞……」

阿里終於回到學校讀書了，他的父親蘇培也到滿納海國際學校重執教鞭。在敘利亞就學習漢語，曾到中國讀MBA的蘇培老師，教孩子們用漢語說：「我愛臺灣！」「我愛慈濟！」「謝謝臺灣！」「謝謝慈濟！」

走在蘇丹加濟市的街上，曾經有幾次遇到敘利亞的孩子，遠遠地就向我們打招呼，並且大聲喊著：「謝謝臺灣！」「謝謝慈濟！」

恨與愛

「滿納海不像一個學校，它像一個『家』。」來土耳其做研究的博士生吳青泰對胡光中說。

我曾訪問主麻教授兩次，第一次問他：「如果沒有滿納海，這些孩子長大會是怎樣的人？」

主麻教授說：「那將是很可怕的結果。如果沒有滿納海，這些孩子將是文盲，長大後他會成為愚昧的人，會活得很辛苦；他的家庭有問題，社會也會有問題。不只是敘利亞的問題，也可能是土耳其的問題，甚至是全世界的問題。」

第二次訪談，我問他：「有了滿納海學校，這些孩子長大了，會是怎樣的人？」

主麻教授說：「他們會成為太陽、月亮、星星；他們會成為沙漠中，旅人最需要的那一杯水；他們會成為社會的楷模和典範。」

一位滿納海老師拉榭說：「感謝慈濟為我們縫合了戰爭受到的傷口。」

慈濟的證嚴法師期許——這些敘利亞的孩子在成長過程中，他們的認知是戰爭、轟炸、死亡、逃難……長大後，會覺得世界對他們不公平，太殘酷，難免產生偏激的心態。我們要把他們心中仇恨、怨懟的根苗拔掉，種下愛的種子。

「我們要把愛的種子種在孩子心田，它會生根發芽，最後會長成一棵愛的大樹，結出愛的果實。」胡光中說：「其實不必等到他們長大，現在已經可以看見，『愛』的成果了。」

二〇一六年二月，臺南大地震；二〇一七年七月，尼伯特颱風侵襲臺東；二〇一八年二月花蓮大地震，都造成臺灣嚴重的災害。滿納海的師生知道了，立刻發起捐款。而且都是臺灣慈濟收到的第一筆善款。

胡光中說：「有一個孩子告訴我，『你們一直都說，要跟我們站在一起，陪著我們，走向回家的路。現在臺灣有了災難，我也要陪著你們，跟你們站在一起。』」

「那個孩子說得非常誠懇動人，更讓我感動的是，他只有一隻腳。」胡光中表示：「孩子的一隻腳在炮火中受傷而截肢，但是他說，要跟我們站在一起。」

拉敘德畫了一張圖，送給胡光中，他說：「我想送你們救護車，但是我現在沒有錢，只能用畫的。」胡光中說：「那個孩子還發願，將來長大有能力了，要送給臺灣十部救護車。」

一個孩子把他的撲滿捐出來，打開一看，全是大額紙鈔。胡光中說：「你怎麼有那麼多錢？都要捐出來嗎？」「是的！這些錢我存了好多年，我想買一個筆電。但是臺灣發生災難，我要回報它。」

胡光中收下了這個孩子的善款，然後送給他一個平板電腦。

「我的家鄉阿勒坡是一個多麼美好的地方……」二十二歲的傑內德，在十七歲的時候，隻身跟著人蛇偷渡到土耳其。他辛苦工作了五年，省吃儉用，終於積攢了一筆錢，把父母和弟弟接出來。

傑內德逃難時，背的是重重的高中課本。他讀過敘利亞高中、滿納海高中、土耳其高中。一邊打工，一邊讀書，非常辛苦。「我把慈濟幫助過我們家的錢，一筆一筆記下來，這些都是我將來要還的。」傑內德說：「感恩慈濟教會我，有能力時要幫助需要的人，不管認不認識。」

他說，慈濟人幫助他們，不只是物質，還有心理的膚慰。慈濟救了這一個世代的人，他銘記在心，同時也要告訴下一代，不要忘記「藍天白雲」的慈悲。

陪伴

在土耳其，雖然慈濟委員只有胡光中、周如意和余自成三個人，但是他們的背後，卻有著數不清的敘利亞志工，大家一起努力，為顛沛流離的難民們，提供慈善救助、提供孩子就學、提供免費醫療等，更重要的是給予一分

「陪伴」。

胡光中出身穆斯林家庭，曾在利比亞讀書八年，熟諳阿拉伯語文。他曾在和敘利亞志工開會時，感觸到幾乎淚下。

「我不明白我為什麼會去學阿拉伯語？學了阿拉伯語，回到臺灣，我根本找不到工作。」他泫然欲泣：「現在我明白了，我學了八年的阿拉伯語，是為了今天，為了幫助我們敘利亞的親人。」

二十年前土耳其大地震時，胡光中跟慈濟結緣。伊斯蘭教和佛教雖然是不同的宗教，但胡光中卻和慈濟相契相融，成為佛教慈濟基金會「第一位穆斯林委員」。

「臺灣很遠，到土耳其有八千多公里，坐飛機要飛十二個小時。」胡光中說：「臺灣也很近，因為愛，讓我們的心在一起。」

「鏡頭沒有盡頭！」一直用影像記錄慈濟在土耳其關懷敘利亞難民的余自成說：「慈濟陪伴他們，直到他們踏上回家的路，希望鏡頭也將跟隨他們回到敘利亞的家鄉。」

篇一　八千里路雲和月

拿破崙曾說：「如果世界是一個國家，它的首都一定會是伊斯坦堡。」羅馬皇帝和鄂圖曼蘇丹已成歷史名詞，但是留下多少不朽的建築和文化藝術，吸引每年數千萬遊客來朝聖。

「就是這裏！二〇一四年五月，我就是在這裏碰到那個光著腳丫的小女孩。」走出清真寺前的大公園，來到接近大馬路邊，可以看見輕軌電車經過，胡光中指著鐵柵欄說：「她大約十來歲，穿得很單薄，光著腳，向遊客討錢。」

這是一個歷史的關鍵點，我用手機拍下一張照片。這個不經意的邂逅，開啟了八千公里之外的臺灣慈濟，和敘利亞難民的因緣契機。

胡光中問她：「天氣這麼冷，你怎麼沒穿鞋呢？你家在哪裏？」

「很遠。」小女孩用阿拉伯語回答。

胡光中大感意外，再問：「咦？你是——敘利亞人嗎？」

「是。」女孩說。

太意外了，因為三月時，他曾到安曼，協助慈濟的約旦負責人陳秋華做敘利亞難民發放，回來以後，他也想看看土耳其的難民，於是偕同妻子周如意和穆斯林朋友飛到南部難民營去看。

胡光中和慈濟宗教處和慈發處兩個單位聯繫時，說：「難民處境堪憐，但實在離我們太遠了，大約一千多公里，搭飛機要一、兩個小時。」

慈發處專員王懿杭聽了後問他：「那伊斯坦堡有敘利亞難民嗎？你家附近有沒有？」

他說：「怎麼可能？伊斯坦堡是世界第六大都市，是觀光地區，怎會有難民？難民不都在邊境的難民營裏嗎？」

但是這個光著腳的敘利亞小女孩怎麼會在這裏？她會不會就是難民？於是他也用阿拉伯語說：「你帶我去你家好嗎？」

「不行！」小女孩拒絕：「為什麼要去我家？」

「因為我想幫你呀！」

小女孩一溜煙，跑走了。過了大約一小時，小女孩又出現了，說：「好！

我帶你去我家。」

那一次，胡光中是陪兩位利比亞同學來藍色清真寺遊覽的。

「我就和兩位同學，跟著小女孩搭上輕軌電車，到埃及市場那一站下車，再往前走了很長的路，到達一個老舊的社區——庫酋克帕薩（Kucuk Pazar）。」胡光中說。

見到女孩的父母，原來他們真的是躲避戰火，逃離家園，落腳在他鄉異域的敘利亞難民，一無所有的他們，只能租住廉價破爛的房子。

看到有陌生男子來到，附近居民不免好奇，也馬上警戒起來，男眾紛紛走出家門，在各個街道上聚集，將胡光中三人團團圍住，愈聚愈多，恐怕不下幾百人，而且發出「哄哄哄」的聲音，令人不寒而慄。

「你是誰？來這裏做什麼？」「你能給我們什麼嗎？」

兩位利比亞同學開始害怕起來，扯著胡光中的衣服，「走吧！走吧！」

「不行！走不了了。」胡光中說：「這個時候走，衣服會被扒光。」於是，他大聲用阿拉伯語向大家說：「我知道你們有困難，我會再來，來幫助你們。現在你們都回家去，過一個月我會再來。」

在一九九九年，有土耳其地震發放經驗的胡光中，許下諾言。人群漸漸散去，最後只剩下四個年輕人，帶著明晃晃的刀，懷疑地看著胡光中。

「你們也回去吧，下次我再來的時候，希望你們當我的警察，幫我維持秩序。」

「警察？叫我們當你的警察？」

「對！叫大家排好隊，幫忙維持秩序。」胡光中說。

「我真的以為難民都在難民營，怎麼知道在外面的難民更多。」胡光中對我說：「住在難民營很辛苦，住在外面更艱辛。」

根據聯合國難民署資料顯示，二〇一八年十二月九日，敘利亞難民外逃人數達五百六十五萬多人，其中土耳其就有三百六十一萬多人。

這些數字，一般都認為被低估了。因為這是取得難民身分的人，還有許多沒有身分的難民就不會計算在內。就如土耳其，難民人數可能早就超過四百萬。

聯合國難民署和ＮＧＯ團體在有些國家設有難民營，提供基本的食物和醫療，有些難民營還設有學校，和難民自行開設的小雜貨店、網咖。但是難民不能就業，沒有自由。難民愈來愈多，各項物資也被「稀釋」掉了，所以生活非常困難。

過去土耳其和敘利亞同屬羅馬帝國，其後又同屬鄂圖曼帝國，歷史的分分合合，現在又碰撞在一起。土耳其政府一開始，對難民沒有相關的法令規章，以為他們很快就會回去。

雖然土耳其是突厥人，敘利亞是阿拉伯人，是不同的民族。但因為同樣信仰伊斯蘭教，土耳其張開雙臂，迎接「穆斯林兄弟」，稱他們是客人、鄰居、朋友，以及遷徙者。

土耳其簽署有難民公約，但只限於歐洲難民，然而蜂擁而來的敘利亞難民，一年比一年多，土耳其招架不住了。「客人」變成「包袱」，在邊境設了二十七個難民營，還是不敷使用。邊境城市科利斯人口十三萬，湧進來的難民居然超過十三萬。如此可見一斑。

更無法掌控的是，大約只有兩成的人會住難民營，百分之八十的難民往各城市去。或依親，或自己租房子，而這些所謂的「城市難民」所有生活費用都要自理，因此產生了更多意想不到的問題。

伊斯坦堡是土耳其最大的城市，人口一千五百萬。它是難民的首選之地，人數已經超過六十萬。難民離鄉背井，許多人初來乍到，只好露宿街頭，乞討維生。

住在法堤赫區的余自成，散步二十分鐘就可以到藍色清真寺。他說，這個區域因為觀光客多，許多敘利亞的小孩會兜售面紙、礦泉水，或者乞討。

晚上商家打烊後，也有敘利亞難民在店門口鋪上紙板和毯子，一家人席地而睡。天亮了，就得「捲鋪蓋走路」，到公園或其他公共場所暫時安頓。

幸好敘利亞人患難見真情，就算陌生人，需要幫助，他們也會伸出援手。所以有些家庭，會收容露宿的家庭一起擠。

胡光中說，敘利亞籍的主麻曾發現棲身在清真寺的兩兄弟，就在自己租的房子騰出一個空間，讓兩兄弟安頓，直到他們找到工作，租了房子才搬出去。「主麻教授接待或收容過很多家庭。」

認識主麻，緣於一場發放。

從庫酋克帕薩的敘利亞難民社區回來以後，胡光中透過社群網路，向認識的臺灣朋友和穆斯林弟兄，介紹敘利亞難民的處境，呼籲大家捐款，幫助他們度過難關。

「我在很短的時間內，募到八千多美元，還有臺灣留學生介紹他的老師給我，就是主麻教授。」胡光中說。

原來胡光中有一位穆斯林朋友包嘉源，包嘉源的兒子包修平在英國艾希特大學讀書時，認識在愛丁堡大學讀博士的張景安。

張景安曾經在敘利亞讀過語言學校，他的語言老師主麻此刻也在土耳其。張景安來到土耳其做研究時，就住在主麻的家，知道老師一直心繫祖國，更關懷在土耳其的難民同胞。張景安親眼看見敘利亞難民的艱困，不知如何是好，於是把憂慮告訴包修平。

包修平告訴他：「有位臺商胡光中正為難民募款，我父親也贊助了。你去找他。」

當時人在臺灣的張景安就給胡光中打了電話，並建議他跟主麻聯絡。胡光中立刻跟主麻聯繫，見面時談了很多。

「他是一個很有見地的人，更關心難民的教育問題。」胡光中如獲至寶。

二〇一九年一月，農曆春節前，我和胡光中夫婦在臺北的清真寺見到了政大的助理教授張景安。他談起十年前，在敘利亞阿布努爾大學就讀語言學校的情形。

「我的老師主麻教授，是一位非常受到學生歡迎的老師。他很關愛外籍學生，會請學生到他家裏吃飯，或蒐集二手冬衣給來自馬來西亞的留學生。」張景安說。

敘利亞是個美好的國家，張景安念念不忘：有一次到市場買菜，一位老婦人給他一百元。她說：「我們是讀同一本經書的人。」

「清晨三、四點，我走路去清真寺參加晨禮，一方面去禮拜聽課；一方面學習阿語。天還未亮，一部汽車經過，車主搖下車窗，問我是學生嗎？然後掏出五百元（當時約合臺幣三百元）給我。」張景安又一次的經驗。

車子開走了，張景安愣在當下。後來他問主麻：「為什麼他要給我錢？」主麻說：「因為你是外國人，他想幫助你。」

張景安回憶說：「我要離開敘利亞之前，想把身上的幾百元美金捐出去，問了朋友和同學，大家一致推薦：捐給主麻老師，老師會把它用在需要的人身上。」

二〇一二年，主麻持護照經黎巴嫩到土耳其，找到一份教職，之後再把妻子和兩個兒子接出來。眼見戰亂日益嚴重，難民外逃，生活無著，主麻就他微薄的薪資中硬擠出善款，幫助難民同胞。可惜主麻有心無力，直到遇見胡光中，遇到慈濟。

胡光中在一九九九年土耳其大地震時，有過慈濟發放的經驗。了解物資有限，一定要發給最需要的人。而且要先家訪再造冊，根據名冊發給領證。憑證領物資，一方面可以控制數量，一方面避免錯發，更可以維持秩序，避免爭先恐後、推擠。

幸運的是，胡光中又遇到一位沙烏地阿拉伯的教授穆罕默德，退休後到世界各國旅遊。來到土耳其，就住在庫酋克帕薩這一區，他願意幫忙訪視並填表造冊。

胡光中帶著周如意和志工去過兩次。「那個區又髒又亂，很多人都說，小心喔！那裏很危險。」

留學生志工沈瑞至還拍到蓬頭垢面的小朋友，在垃圾箱翻找食物，看來令人心酸。

住在觀光區的余自成，經常可以看到婦人帶著孩子坐在路邊乞討。

「我們一起家訪、造名冊，當然穆罕默德教授幫的忙最多。」胡光中說。二〇一四年六月份，胡光中和朋友採購了三百多箱的物資，每一箱大約有三十公斤。依約來到庫酋克帕薩敘利亞難民區發放，主麻也來幫忙。

因為事先造冊，根據名單發放；之前那四位帶刀少年，出來幫忙維持秩序，再加上主麻和胡光中懇切的談話，居民整齊排隊，沒有騷動擾亂。發放結束，一位當地土耳其里長告訴他們，你們是第一次進來沒被搶的人。

主麻跟他說：「在蘇丹加濟市和阿爾納伍特市（Arnavutkoy），敘利亞人更多。」

伊斯坦堡有三十九個市（區），蘇丹加濟市在中部，是個丘陵地，街道高高低低起伏不平。又因區內有幾處採砂石礦場，所以空氣欠佳。

蘇丹加濟市有許多中小型、甚至家庭式的成衣廠和鞋廠，敘利亞難民容易在此「打黑工」，該區房租也相對便宜，所以形成難民聚居的地方。六十萬人口的蘇丹加濟市，敘利亞難民就大約有六萬人，占十分之一。阿爾納武特市位於蘇丹加濟市西北邊，兩地相距十七公里，房租更便宜，敘利亞難民約六千人。

基於「重點」和「務實」，胡光中之後就以蘇丹加濟市和阿爾納武特市為主要發放及協助對象。

庫酋克帕薩發放結束，胡光中把照片和文字放到臉書上，引起臺灣政治大學土語系教授劉長政的注意。他和胡光中聯絡上，表示願意募款贊助敘利亞難民。

劉長政在朋友圈發起「請我吃一頓飯」的活動：

如果你想請我吃一頓飯，歡迎！但是否可以「折現」？

想請我吃一客套餐，就捐套餐的錢三百元；想請我吃一個三明治，就捐三明治的二十元；想請我吃頂級法國餐，就捐法國餐的一萬元……隨分隨力。

劉長政笑說：「有學生請我吃客飯，折現一百元；我反而請他吃了三百元的套餐。」

反應熱烈，連海外都有人響應。劉長政最感動的是一個朋友的親戚，從未謀面，就捐出十萬元。「這是很大的信任。」劉長政為了徵信，不但詳細記錄，還將明細發給每一位捐款人。沒多久，就募到臺幣約六十萬元。

二〇一九年初，過完春節，胡光中一家人和余自成都回臺灣來，我們約好聚餐，並邀劉長政一起來。

劉長政把手寫的「請長政吃一頓飯」明細表也帶來；後來還有他為滿納海學校募款的「送我一支筆」的名單。相距八千公里，臺灣的愛心飄洋過海，實在令人感動萬分。

那時才從伊朗回到臺灣的劉長政，送給我們各一包番紅花。番紅花是花的雌性柱頭，要七萬朵柱頭才有一磅重，非常稀有。劉長政說，只要拿三小支，就可以泡一杯茶，還可以再回沖。

回家後我打開一看，天哪！細如牛毛，我小心翼翼地拈一小撮，不只五、六支吧？熱水一沖，漸漸呈現淺淺的琥珀色，細細品嘗，有一股特殊的香味。再回沖，真的還有顏色和味道，難怪它是全世界最貴的香料。

二〇一四年七月底，胡光中和周如意帶著兒子胡雲凱回臺灣，同行的還有約旦的陳秋華。他們先到花蓮向證嚴法師報告，法師囑咐：敘利亞難民發放，要繼續做下去。

「在約旦，只有陳秋華一個人。」法師對胡光中說：「在土耳其，你還有如意啊！還有凱凱啊！你們一家就有三個人！別擔心！」

「上人真幽默，那時凱凱只有十八、九歲，還在讀書。不過，真的給了我們很大的信心。」胡光中說。

八月初，胡光中在臺北的清真寺，和劉長政、馬偉人、賴花秀等人見面討論。

馬儁人原是記者，採訪過世界各地重大新聞，去過伊拉克、敘利亞。二十幾年前，他曾是慈濟大愛電視臺「大愛新聞雜誌」節目的成員之一。後來馬儁人專研中東鼓，成為中東鼓專家。他希望：大家對中東少一點誤解，多一點關懷。

賴花秀是「臺灣女兒」，也是「敘利亞媳婦」，因為戰禍不敢回大馬士革，心繫丈夫安危，更同情難民處境，也一直為援助難民而奔走。

胡光中回去之後，和主麻及志工余自成積極討論忠孝節發放事宜。忠孝節是伊斯蘭教一個重要的節日，又叫古爾邦節，通稱叫宰牲節，唯獨漢人取名為忠孝節。

為了忠孝節發放，主麻說：有一位善心的食品大盤商穆罕默德（Mehmet），願意不賺一毛錢，提供敘利亞難民的發放物資。

最後採購了義大利麵、米、麥、紅扁豆、綠扁豆、葵花油、麵粉、糖、番茄醬、雞心豆、白雲豆等十一樣食物。而且精算後，發現買散裝自行打包，比買已打包好的更便宜。

「每一包四十五塊七土幣，約合臺幣六百三十元。」胡光中說：「省下來的錢正好可以用『以工代賑』的方式，請五位找不到工作的難民來幫忙打包，這樣可以讓他們賺一點錢。」

家戶訪問、詳填資料、製作並發給領據，工作繁雜，但敘利亞志工都做得很認真，很快樂。

九月底，胡光中又興奮地向劉長政報告：「可愛的主麻教授又跑去土耳其當地一家大超市 BIM 比價錢，發現有幾項更便宜。他不屈不撓，貨比三家，就是希望讓更多人受惠。」

胡光中、周如意和余自成也跑去超市比價，因為超市不能拍照，余自成就把相機架在推車上，偷偷拍下價錢，然後回來一一比價。

「我們自己買東西都沒有在看價錢，拿了就走，現在居然如此計較。」

胡光中說。

「計較」是為了買到物美價廉的物品，能省一些錢，就能多幫助幾個困難的家庭。

接著尋找發放地點，蘇丹加濟市是在一個基金會，有一個專門給人辦婚喪喜慶的大堂；阿爾納武特市是在一個清真寺。地點都很理想。

二〇一八年十一月，我第一次到阿爾納武特市，居家訪視後回程時，余自成指著一處公園說：「以前在這裏發放過，好難忘！」

大家下了車，在市中心內，一個很漂亮的小公園，中間有土耳其國父凱末爾的銅像，旁邊有一家餐廳。

余自成說，原來餐廳答應，他們的場地要借給我們發放，結果物資來了，卻說抱歉，場地無法出借。

「結果所有的發放物資都堆放在『國父』面前，用大帆布蓋起來，還好那天沒下雨。」余自成說：「因為是露天的，怕被偷，幾個敘利亞志工發心通宵守候。」

為了場地難尋，也曾借用商家前面的人行道發放，真是辛苦萬分。但是為了生活無著的難民，再辛苦也要做下去。因為，他們真的需要。

十月六日，在蘇丹加濟市發放三百一十戶，阿爾納武特市發放兩百戶，總共發放五百一十戶。

「這一次發放是劉長政教授在臺灣募來的善款，還有我和如意的家人朋友捐的，卻是用慈濟的名義。」胡光中說：「感恩！都是來自臺灣的愛心。」

面對難民，胡光中向大家說：「臺灣很遠，坐飛機要十幾個小時；臺灣也很近，因為愛讓我們的心在一起。」

周如意準備了很多嬰兒鞋，是用毛線勾織成的，非常保暖。她細心地一一套在娃娃赤裸的腳丫上，說：「這是臺灣精舍師父們親手做的喔！」

「十一月發放兩次，是慈濟的大力支援。」胡光中說：「很多新來的難民是攜家帶眷，又一無所有。」

「冬天很冷，如果沒有暖氣，那將很難過冬。」周如意說：「因此毛毯就成為非常需要的東西。」

張景安說，曾經跟著去發放兩次，後來再也不敢去了，因為實在受不了。張景安通曉阿拉伯語，發放時聽難民哭訴在家鄉的慘狀，他愈聽愈難過，也陪著流淚。

天氣漸漸冷了，二〇一四年十一月底，針對「特困戶」發給燃料費。這一次，物資改為採用連鎖超商BIM的購物卡。大家領到的是現鈔和卡片，非常方便。

「BIM超商到處都有，貨品也很齊全，而且不賣菸酒，非常適合我們使用。」胡光中說：「之前發的物資，一袋都重達三十一點五公斤，老弱婦孺提不動，需要志工幫忙。」

發物資需要先採購、打包，還要有存放的地方，發放之後，照顧戶要扛回家也是一大難題。但是主麻是錙銖必較，一定比價到最便宜的才下決定，因此後來就採用一半實體物資，一半BIM卡。

物資減少一半，大約只有十幾公斤，就輕鬆多了。而且BIM卡可以依照各家所需自行採購，非常實惠也方便。

需要物資的人愈來愈多，從幾百戶增加到一千戶、兩千戶、三千戶……原先借用的場地不夠用，後來發現一個地方非常合適，那就是「市場」。「市場」其實是居民活動中心的樓下，明亮寬敞。經常在這裏舉辦跳蚤市場、農民蔬果市場。假日空著，所以就借來作為發放場地，布置之後，再理想也不過了。

人太多，志工將持有領證的人區分組別，名單則張貼在牆上，照顧戶找到自己的名字，按照組別去簽到及領取物資，這樣動線才順暢而不致於擠成一團。

「照顧戶去牆上貼的名單尋找自己在哪一組，也是擠破頭，有點像過去臺灣大專聯考放榜時，大家擠著看榜單一樣。」胡光中說：「這個現象一直到資訊工程師巴塞爾來了，設計出超好用的方式，我們才用電腦發訊息，大家都方便。」

有一次，在大家排隊等候發放物資前，主麻跟大家說：「你們相不相信？一塊錢可以上天堂？」

主麻接下來說的這段話，在二〇一五年三月二十日周如意的臉書上，有翔實的記錄：

你們知道幫助我們的臺灣人，大部分都是平民百姓嗎？他們知道團結的力量大，所以每個人捐出一塊錢、兩塊錢，集合起來幫助我們敘利亞人。

當你捨得了一些東西幫助別人時，真主阿拉會因為你的捨得而給你答謝，並給你意想不到、多倍的東西。

現在在你們之中，有人已經領取過一次或多次的幫助，但是我們的鄰居還有很多人沒有受到過幫助；有人願意打開自己的心，奉獻一點點來幫助他們嗎？願意的人請舉手！

（現場馬上有超過一半的民眾舉手。）

隨後，便有一位民眾站起來，捐出第一個十里拉。當主麻老師高興地舉著這位民眾的愛心捐款時，接二連三的民眾拿著大小不等的金額——十里拉、二十里拉、五里拉還有銅板給我們，一位婦人拿著美金一元跟一些銅板也來捐獻。

甚至好幾位小朋友拿著一個銅板來放在我們手心，所有的志工激動得眼眶含著淚、不停地道謝！

這一刻我們明白，愛是循環的，我們付出的愛啟發了他們的心，讓他們願意無私地幫助自己的同胞，這真的是愛的循環啊！

胡光中說：「我不知道主麻老師會突然說那一席話，也沒想到捐款會這麼熱烈，沒有準備捐款箱。」

之後每一次發放，都會準備竹筒，募大家的愛心，也讓遇到困難的照顧戶，有為自己植福田的機會。

篇二　漂洋過海來看你

「關懷難民，臺灣不缺席！」二〇一五年十月十六日，由黃秋良帶隊的「慈濟關懷團」一行二十三人，浩浩蕩蕩來到土耳其，為的是來關懷敘利亞的難民，更是來給胡光中、周如意、余自成等「鐵三角」志工加油打氣。

十月十七日清晨抵達伊斯坦堡，下午兩點就要發放，於是團員分成三組：一組布置會場；一組打包物資；另一組把現值卡一一裝進信封。

這一天，時任蘇丹加濟市市長阿里・烏斯拉曼（Ali Uslanmaz）的公子哈肯（Hakan Uslanmaz）第一次來當志工，他一邊裝現值卡，一邊哭。問他：「聽說你第一次來慈濟當志工，哭了？」

「我每一次都哭，不是一次。」他說：「費瑟（胡光中）給我看影片，我也哭了。」

擔任市長的父親對他管教非常嚴格，阿里認識成功的臺商胡光中之後，就要兒子哈肯跟隨胡光中學習。胡光中告訴他，「做生意」的訣竅，其實就是「做人」。

四年來胡光中把公司交給員工，和妻子周如意全心投入敘利亞難民的慈善、醫療、教育和人文，每天起早摸黑，規畫和解決各種問題。

哈肯也跟著一頭「栽進」慈濟世界裏，成為胡光中的得力助手。胡光中也盛讚哈肯是個優秀的青年，聰明、負責，事情交辦給他，再怎麼困難，他都全力以赴，達成任務。

他的很多朋友都覺得他變得很不可思議，甚至質疑：「臺灣人為什麼要這麼做？幫助完全不認識的人，他們真的沒有什麼目的嗎？沒有企圖嗎？」

哈肯承認，他以前也曾這麼懷疑過。「慈濟人有好的意念；而我們是不好的意念。」他說：「自己是什麼人，看別人就是什麼人。」

他的朋友不相信，現在他是百分之百相信：世界上真的有「付出無所求」的人。談及土耳其政府寬宏大量，接納難民，真是難得。哈肯說：「伊斯蘭宗教教給我們的，是人道為先。」

「他們是遷徙者，是我們的兄弟，我們的鄰居。」哈肯感嘆說：「很遺憾有些國家就是不肯伸出援手。」

二〇一八年，土耳其慈濟基金會成立之後，哈肯承擔重任，擔任董事長。他說了一句令人動容的話：「認識你們之後，我一定要變成更好的人！」

那年關懷團從臺灣帶來八百四十公斤的物資，其中還有足球、躲避球、飛盤等小朋友運動的玩具。希望他們也跟其他的孩子一樣，在年少時，有健康的遊戲。

發放一場在市場，一場在文化中心，那是特別去商借的。余自成說：「那裏地勢很高，從頂樓望下去，整個蘇丹加濟盡收眼底，棋盤式整齊的街道，密密麻麻紅色、綠色的屋頂。天空有海鳥飛翔，近處、遠處都有喚拜尖塔，景色美極了。」

中華民國駐土耳其代表鄭泰祥也從安卡拉趕來參加，他說：「感恩慈濟，用愛做橋梁，搭起臺灣和土耳其以及敘利亞之間的友誼。」

發放之前，已經有人拿著領證在等待；也有不在名單內的人在懇求。「能不能給我一點食物？」一位婦人急哭了：「孩子沒東西吃，都在餓肚子。」

「我們事先已經有志工進行家訪，造冊，根據名單發放。這些不在名單上的人也想要領，因為他們確實也很困難。」胡光中沈重地說：「但是我們畢竟物資有限，說真的，不能破例，否則沒完沒了。」

宗教處專員邱國氣心生不忍說：「發放物資看起來還會剩下啊？就給他們吧！」

「一定不能給！可能有些人沒來領，我們要想辦法送去給他。」胡光中斬釘截鐵地說：「就算剩下也不能給，給一個，一傳十，十傳百，就會沒完沒了。」

封鎖線外，一雙雙渴望的眼神，焦急的懇求，胡光中叫大家「不要看、不要聽」，其實大家都明白，他比誰都痛苦。

怎麼辦？最後想出了「回捐」的辦法。主麻告訴大家，每個人都領到十六樣物資，希望可以把領到的物資，再捐出一點點，分享給沒有領到的人。

此話一出，立刻獲得熱烈的迴響，大家紛紛把物資回捐分享出來。不一會兒，就堆成了一座小山。志工趕緊分裝打包，不可思議的是，每包只有三樣物資，裝好算算五十包。而外面等待領取的人，恰恰是四十六位。

「修克蘭！（謝謝）」「修克蘭！」原本不抱希望的人，終於領到物資，高興得掉淚，抱著志工親吻，由衷地道感恩。東西不多，對他們而言，卻是珍貴的。

還好那時已經實施發放系統電腦化，每戶均由電腦發通知到手機，告知哪天幾點來會所領取。所以不會一下子來太多人，因此秩序井然，進行順暢。若有不遵守時間的人，除非老弱婦孺，否則一律被擋，請他改「哪天」再來領。

胡光中和主麻認為：發放前的《古蘭經》聖訓、慈濟精神與人文、做人做事道理，比物資和現值卡更重要。

「有人投機，等到發放時間到才來，對不起！志工會擋人，不准進去，請他改『哪一場』再進來。」胡光中說。

經過一段時間，再也沒人敢不守時或投機取巧。這是「苦既拔已，復為說法」，也就是說，「幫助了他，還要講道理給他聽。」這一番苦心，此地執行得非常徹底。

一律不發重得提不動的物資，改發現金或現值卡。並且每戶都有一張「慈濟卡」，掃瞄一下就知道該戶詳細資料、領多少？有沒有來領的紀錄。

滿納海國際學校成立後，發放改到學校的地下室大堂和一樓舉行。一次可以容納六百五十人，分八到十場可以完成發放，只要兩天就可以發完。

發放都選擇在週六和週日，避免干擾學生上課。在發放前一天，地下一樓已經陳設好桌椅和電腦，還有排隊用的紅龍柱。

這一天，第一場是特困戶，第二場是打工生和大學生家庭補助金的發放。

發放當天，照顧戶扶老攜幼陸續到來，隊伍中，有一位穿著黑長袍、氣質高雅的老太太，走路一拐一拐的，不知她的腳是先天殘疾？還是被炮彈打傷的？

我朝她笑一笑，沒想到她居然走過來，一把把我抱住，先貼右臉頰、再貼左臉頰，我感覺她柔軟的皮膚，還有慈祥的笑容，心裏生起一股溫暖。

胡光中也過來跟她打招呼，然後告訴我：「她是烏妲媽媽，過去在敘利亞，是愛迪達的經銷商。」

我沒問她是總經銷商？還是地區性的經銷商？但看她的舉止、氣質，絕對是個中上家庭的貴婦人。但是內戰不休，逃到國外，她就是難民，成為領救濟金的「特困戶」。

看著烏妲媽媽排隊去刷「慈濟卡」，穿著慈濟背心的志工拿掃瞄機一掃，就跑出兩張單子，一張單子上告訴她該到第幾號桌子，那裏有她的名單。

她在旁人的攙扶下，來到第八號桌子，找到名字，簽完名（後來改用蓋手印，更節省時間），領到一個裝著現金的信封。

每個人去刷慈濟卡，都會跑出兩張單子：一張統一都是兩百元；另一張數額不等。如果這戶每月領五百元，扣掉第一張單子的兩百，那第二張單子就會是三百元。

因為每個家庭情況不一樣，所以領到的金額也不一樣。領到扣除兩百元的差額現金，就到地下二樓大廳坐好等候。烏妲媽媽坐在後半段，她始終保持著微笑，也跟每個人打招呼。

等大家都坐定了，教長帶領吟誦《古蘭經》，然後主麻開始講話，說的是阿拉伯語，雖然我們聽不懂，但看大家神情專注，知道他是苦口婆心，教導鄉親做人做事的道理。偶爾出現「慈濟」、「慈濟」，就知道他也在說「慈濟」的故事。

主麻「說法」結束，胡光中請臺灣來的志工跟大家講話，他擔任翻譯。雖然知道他們聽不懂中文，但我還是講到哽咽。接著，文素珍和周如意分別上臺分享完，我們和其他敘利亞志工拿著存錢筒，請大家發心投善款，存錢筒是一支很大的紙筒，每個人都把準備好的零錢投進去，我們就用剛學會的阿拉伯語「修克蘭」向他們致謝。

最後才是發放，志工排成一排，照顧戶也排成一排，兩兩面對面。胡光中喊「哈茲（準備）」，照顧戶交出兩百元單子，志工也將裝有兩百元的信封送給對方。

「修克蘭」，志工和照顧戶相互擁抱、親親或貼臉，然後依序離開。

「今天跟人擁抱的次數，比我一輩子經過的還多。」文素珍笑著說：「親吻也是。」

第二場從十一點開始，打工生和大學生陸續進場。一個孩子看到胡光中，撲上去抱住他，然後親吻他的大手。胡光中把他抱起來，也親了親他。

「這個孩子是個孤兒，父母在戰爭中罹難，現在是親戚照顧他。」聽到這裏，忍不住也過去，把他摟在懷裏，心中一陣酸楚。

乘著還沒有開始發放，我請周如意找了幾個打工生接受訪問。我們一起到乒乓球室，圍著球桌坐下來。

在滿納海打工的傑內德也來幫忙翻譯，周如意的土語很好，阿語不太行。如果學生只懂阿語，就必須由傑內德翻成土語給周如意，周如意再翻成中文給我們。

十六歲的加玲說，四年前和父母、四個兄弟、兩個姊妹、還有嫂嫂、姪兒，一家十四個人來到土耳其。原來她在鄰城的成衣廠打工賺錢，有了慈濟的補助，她才能夠重拾書本，繼續讀書。

「我家在大馬士革，是個中等家庭。」十一年級的加玲說：「將來希望當個工程師。」

阿里提起當鞋廠童工，似乎還心有餘悸，他說每天工作十二小時，一直要站著，一分鐘也不能坐下休息。

他和哥哥、弟弟、姊姊都要打工維持家計，現在慈濟給他們補助金，所以連最小的弟弟，五個人都是滿納海的學生。

「我非常感恩，所以我很認真讀書，才對得起臺灣幫助我們的人。」阿里說。

十四歲的麗莎因為戰爭，學業中輟了好幾年，八歲來到土耳其，為了生活，到成衣廠端茶水、送茶水，幫忙賺錢養家。

十一歲時，慈濟尋找打工孩子，她才有機會重回校園。經過學力鑑定，她跳級直升六年級，今年已經是七年級了。

她的家在阿勒坡開窗簾店。爸爸有兩個太太，十個孩子。原來住的是很大的三層樓房，還有地下室；如今租的房子只有兩個房間和一個客廳，住十三個人實在是太擠了。

「我們全家人都平安，但不知敘利亞的房子還在不在？」麗莎說：「有時候會有一點點想家，但是在土耳其生活，也漸漸習慣了。」

哈哇的家在伊拉克邊境上，爸爸是花園工程師，家境優渥。但是戰爭一來，他們變成一無所有，加上爸爸生病，只有六歲的哈哇也要跟著姊姊們出去打工。

「我什麼都不會，只能打雜。」哈哇說：「過了兩年要去讀一年級，土耳其學校說我已經超齡了，直接跳級，結果我更跟不上，好痛苦。」

滿納海學校成立，哈哇終於可以學阿拉伯語，他很認真，也一直跳級。他說：「出來七年了，好想敘利亞的家。長大後，希望當心臟外科醫師，為鄉親治療，免除病苦。」

在義診中心旁，有一個慈濟的「急難救助站」，專門接受有困難的敘利亞難民來申請救助，每週二、四、六服務。胡光中說：「每次都有五十人以上來求助。」

有一天，余自成去拍紀錄片，發現人山人海，不知怎麼回事？救助站的專員薩伊德告訴他：「今天超過三百個人來求援。」

急難救助站是個小空間，求助者屋內坐不下，都站在屋外人行道等待。胡光中非常不忍，天氣冷，又沒椅子坐，感覺非常不尊重人家。所以他說等新的義診中心開張了，將在四樓設「分站」，讓敘利亞難民可以暖和地坐著等待。

求助者有些是新難民，來時一無所有，租的房子不是便宜的地下室，就是頂樓。小小空間，可能擠好多個家庭。他們需要床墊，若無暖氣設備，需要毛毯禦寒。房東就算提供有暖氣，水電費他們也能省則省。

有些是舊難民，臨時發生事故，求助無門，也會來此站求援。這一天去救助站，我看到一位年輕的婦人，抱著一歲兩個月的幼兒來申請。她說：「因為先生開刀，無法工作，沒有收入，生活陷入困境，所以再來請求幫助。」

急難救助站使用電腦作業，每個個案家庭狀況紀錄非常翔實。記錄住址、電話（手機），家庭成員的姓名、性別、出生年月日都清清楚楚。除了先生家庭，連太太娘家的父母、兄弟姊妹都記錄。這樣志工可以明白他的整個家族狀況。

「敘利亞人也有很多『菜市仔名』，例如『穆罕默德』，一打出來一大串，到底是哪一家的『穆罕默德』，再核對妻子名字和電話，就可準確找到人。」胡光中說。

求助者「自行提報」之後，會請志工前去家訪。回來要填寫詳細報告，再做評估，是否需要幫助？怎麼幫助？有一套縝密的計算公式。評估最後，所有「案件」會經主麻簽字通過。

主麻一簽准，通過補助，會通知個案來領取，一連幫助三個月。三個月後再家訪，一方面關心，一方面評估該停還是繼續幫忙。這跟臺灣複查制度一樣。

敘利亞難民都知道，有困難可以來這裏求救。他們有的需要助聽器，因為轟炸讓許多人失聰；有的生病，而無法工作；或需要毛毯、床墊（放在地毯上）。

有一次，志工要去送床墊和毛毯，胡光中開車帶我們一起去。車子開了不久，胡光中說：「這個區是恐怖分子的大本營，有庫德工人黨，有伊斯蘭國分子。一般人聞之色變，避之唯恐不及。」

我看街道跟其他地方沒兩樣，只是很多牆面上都有塗鴉，雖然看不懂阿拉伯文，還是覺得怵目驚心。

「這裏常有鬥毆，還有焚燒輪胎的濃煙，你看！鎮暴車是常駐在這裏的。」胡光中說：「有一次四位志工去送床墊和毛毯，就被歹徒團團圍住。」

「不准再來！再來就要割斷你們的頭！」歹徒惡狠狠地恐嚇。

勇者無懼，為了落難在異域的同胞，志工還是無畏地一次次送物資進去，也幸好沒有發生什麼意外。「頭還在脖子上。」

經手機導航找到地點，受助的敘利亞難民已經在路邊等候。志工卸下物資，兩人一組扛床墊上樓，其他人提毛毯，我們則是空著手也跟上去。

樓梯很陡，燈光昏暗，一層又一層，不知爬了幾樓，終於來到頂樓。胡光中氣喘吁吁，說：「呵！有八層樓吧？」

實際只有五樓，來不及細看，又匆匆下樓，因為還要送其他家庭。

第二家在地下室，三個小房間分別住了三家人。一個房間鋪了地毯，有兩個床墊，一個娃娃甜甜地睡著，好可愛。我注視著他，覺得他好幸福，因為逃難對他而言，是完全沒有記憶的。

另一個房間只有地毯，這家人也有一個新生兒。周如意抱著小嬰兒，喃喃說著話，應該是給他祝福吧！

門口跟樓梯口擠滿了人，探頭探腦，七嘴八舌，原來他們都是住在這棟樓的難民，來向慈濟人求助。唯一聽懂阿拉伯語的胡光中跟他們談談，大約是請他們去急難救助站提報填資料。

出來以後，有個年輕人已經等在汽車旁邊，他拉高褲管，訴說他被炮彈擊中的傷痕。胡光中叫他去義診中心檢查治療，親切地拍拍他的肩，沒有一絲絲不耐煩。像一個兄長，也像一個父親，那一幕，害我差點掉淚。

「歡迎臺灣關懷團蒞臨土耳其，有一個請求：能否帶三十個竹筒過來……」二〇一八年十一月，第二次臺灣大團要來，胡光中提出請求：要竹子做的撲滿。

高雄的志工劉玉壺承接了這個任務，用臺灣的桂竹製作了三十三個精美的存錢筒，帶到土耳其讓大家「儲蓄幸福」。

領隊潘機利和團員志工還帶來四十七大箱的香積麵、米果、糖果、文具組……特別是還有他和方漢武、王獻聰合購的，高雄知名的方師傅牛軋糖、鳳梨酥等臺灣名產。

三十人的大團在二十四日清晨到達，阿里副省長和哈肯父子，以及胡光中等都到機場迎接。飛了十多個小時，沒到飯店卸下行李，就直奔滿納海國際學校。

早幾天到達的大愛臺新聞部經理陳竹琪和導演萬家宏，忙著拍攝從臺灣來的慈濟志工。這天天氣很冷，又下著雨，大家穿著厚厚的賑災外套，滿臉是掩不住興奮的神情。

這天也是發放日，團員首先收到一張特製的識別證，也是「慈濟卡」。胡光中請大家可以去掃瞄一下「慈濟卡」，「哇！」跑出來一張印有慈濟蓮花和法船的小紙片，上頭還寫著：「感恩〇〇〇大德　參加土耳其發放」，令人驚喜萬分。

兩天的發放，十個場次，共有六千多戶，男女有別，秩序井然。因是星期假日，除了掃盲班、假日班、升大學加強班的學生在樓上上課之外，也有一些小朋友跟著爸爸、媽媽來領善款或購物卡。

小朋友被安排在場地最後端，他們都乖乖坐著，不吵不鬧，也不亂跑，令人疼惜。臺灣來的志工們每人口袋裏，都裝滿巧克力或麥芽餅、棒棒糖，看到小朋友就會分送給他們。

「好乖喔！我要給他，他微笑搖搖頭，不要耶！原來他已經有了，一點都不貪心。」慈濟廣播部經理楊慈韻讚歎說。

每一場的發放在唱誦《古蘭經》之後，都安排臺灣志工跟照顧戶講話，實業家黃正賢、顏子傑、張明煌……語重心長地傳達證嚴法師對大家的關懷。

語言不通，每一場都要胡光中翻譯，幾場下來，他的聲音都沙啞了。但是妻子周如意說：「做高興的事，他再累也歡喜。」

發放接近尾聲，又一陣騷動，只見胡光中不斷地拭淚，發生什麼事了？

原來有一位先生，問胡光中說：「請問慈濟的長官在哪裏？」胡光中介紹了副執行長劉效成。

「這個請你收下來——」那人脫下手錶，塞給劉效成說：「我要把它捐出來。」

劉效成聽不懂阿拉伯語，正莫名其妙時，那人又說：「這錶是未婚妻在情人節送給我的禮物，也是我現在僅有的、唯一值錢的東西，我要捐出來給你們。」

胡光中一邊翻譯，一邊流淚，驚動了很多人。

這天是居家關懷，入戶訪視。關懷團分成六組，每一組都有影視、文字記錄志工，還有一位精通英語的志工，以及一位滿納海的英文老師，擔任翻譯工作。

大清早，我們第六組離開蘇丹加濟市，車子往西北開去，陽光好不容易露了臉，一下下，烏雲又罩過來。經過規模相當大的市立醫院，同車的敘利亞志工傑內德說：「我曾經在這裏開過刀。」

白牆、紅屋頂的房屋錯落在高高低低的丘陵地上，風景相當宜人。滿納海老師凱門先下了車，確認地址無誤後，大夥兒才陸續下車。

在一個破舊的屋子裏，十二歲的阿里躺在床上，戴著呼吸器、鼻胃管和導尿管，一旁還有抽痰機。

通過翻譯，知道阿里是在兩年前出了車禍，小命撿回來了，但龐大的開銷豈是一無所有的難民家庭可堪負荷？

「這部抽痰機和呼吸器都是慈濟送的。」阿里的父親說：「我不吃不喝工作五年也買不起。」

阿里的左手癱了，右手勉強可以動。他畫了很多作品，特別是許多紅豔豔的「愛心」。無法發聲的阿里，用眼神告訴志工：「我很感恩！」

十三歲的姊姊去上學了；兩歲的小妹妹爬上床去，抱著阿里說：「他是我的哥哥！」志工看了，無不動容。

這個家庭為了照顧殘障的兒子，父母都無法工作。依靠慈濟和政府的紅新月會補助勉強度日。

志工程燕菁和郭素芳贈送了平安吊飾和米果、蘋果，然後為他唱中文歌

〈幸福的臉〉。阿里右手跟著打拍子，媽媽看著也拍起手來，眼淚也滑了下來。

臨走的時候，志工一一和阿里擁抱；也招呼敘利亞志工和他擁抱。

走出屋外，看到山丘上一片綠意盎然，湛藍的天空上，雪白的雲朵舒捲著。這是一幅美得醉人的圖畫，回頭望那小屋，十二歲的阿里，只能囚禁在那張小床上。問蒼天？無語哪！

「達達達！達達達！」一陣奇異的聲響從遠處傳來，原來是一輛馬車。黑色的馬兒輕快地前進，馬車裏坐著一位男士。大家都很驚喜，紛紛拿出手機拍照。

馬車走遠了，我們順著小徑進去訪視第二家。他們是一對夫妻，先生巴山是個殘疾人，開刀失敗，臥病十年。

這天他在客廳坐著，大夥兒也坐在地毯上跟他談話。敘利亞人都很善用布簾，把房子裝飾得美美的。但是巴山的家，因為窗紗顏色太深，整個房子顯得陰暗，我真想把它拉開，好讓陽光進來。

太太身體也不好，躲在房間。余自成說：「因為有男眾來訪，太太不方便露面，請師姊進去跟太太說話。」

四十歲的妻子因照顧先生，導致經常背痛。他們想去法國，但是太太堅持不肯脫下頭巾拍照，就無法辦護照，只好放棄。

「紅新月會給我們生活補助，不夠的部分，由慈濟幫忙。」巴山先生說：「慈濟志工時常會來探望我們，這才是我們最需要的。」

聽到這裏，非常感動。誠如胡光中說的：「難民太多，我們能給的金錢或物資很有限，但是真誠的陪伴和關懷，我們絕不吝惜。」

第三戶人家的男主人被炮彈炸傷左胸和左手腕，還有肝病和糖尿病；一個女兒腦部留有炮彈碎片；妻子也受到擊傷，身體非常虛弱。

一家八口，只靠十二歲和十四歲的孩子打工賺錢，其他的不是心臟病，就是莫名的疾病。我們看到一個男孩，雙腿腫得像大象一樣，令人擔心。

請翻譯老師告訴他們：「快去就醫，否則恐怕會有生命危險。」

離開故國家園，到他鄉異域當難民就夠苦了，一家人還病痛纏身，兩個學齡的孩子必須打工養家，令人不捨。

告辭之後，到馬路上等車。仰望藍天，有鳥兒翱翔；草地上有羊、有狗，還有雞、鴨。風很大，垃圾和樹葉飛來飛去，落下來，再被捲起來，飛上去。站在土耳其的土地上，近距離接觸到敘利亞的難民，我強烈地想念起遙遠的臺灣。多麼安定、富足的臺灣，有幸生於斯、長於斯，臺灣人！要知足！要珍惜啊！

胡光中是個「行動救助站」，只要他一出現，就有人來求助。一小段路，他要走好久好久。

「我不能上學了，必須再回去打工。」在滿納海學校旁，一個學生跑過來說：「因為爸爸生病，我的助學金不夠用……」

胡光中說：「喔！你現在去找主麻老師，把困難跟他說。」

在送床墊去案家時，附近的「鄰居」也紛紛跑來，一位先生拉高褲管說：

「我的腿中槍，裏面打了鋼釘，現在經常痛，不知該怎麼辦？」

胡光中看看他的腿說：「那你明天去慈濟義診中心，請醫師幫你檢查，好嗎？」

這天滿納海地下一樓在為小朋友打預防針，一位年輕的爸爸攔住胡光中說：「我的孩子被開水燙傷了，去救助站申請藥費，現在好一點，但藥膏已經用完了……」

孩子的褲子解開，鼠蹊部露出紅紅的燙傷痕跡，胡光中說：「一定要治好，你再去申請啊！很痛吧？」

很多敘利亞難民都有胡光中的手機號碼，也因為他的「開放」手機，救了四十五條人命。

二〇一五年九月，胡光中手機響了：「我們的船快要沈了，船上有四十五個人，求你趕快請土耳其的船來救我們……」一個男子的聲音，說的是阿拉伯語。

胡光中說：「收訊不好，聽不太清楚。你是誰？你們在哪裏？」

對方電話斷了，不一會兒再打過來，還是不清楚。胡光中問：「這是你的電話嗎？」

看來不像是開玩笑，如果真是四十五個人的船要沈了，那可不得了。於是胡光中趕快回撥，通了，隱約聽到小孩和婦女的哭喊聲音。

「他們在伊茲密爾外海。」胡光中跟周如意說：「快！把地圖找出來！」

「我打電話給公司的員工，請他通知海上警察；如意也在臉書上貼出地圖。」胡光中說：「我趕快跟海巡單位聯絡，把喊救命那個人的電話給他們，嗯！好像也有三方通話……」

最後是，海巡出動船隻，把偷渡的四十五個人統統救上來。

在土耳其的敘利亞難民，生活困難，一心想偷渡到希臘，然後沿著「巴爾幹通道」，再進到歐洲去。

胡光中感嘆：「海上偷渡很危險，每年都要罹難好幾千人，但是，還是前仆後繼的……」

助人為快樂之本；救人一命，勝造七級浮屠；做好事、救人，都是功德無量；但是「善門難開」，胡光中一路走來，還是難免碰到許許多多的麻煩和考驗。

「有三戶人家很好過，為什麼還領慈濟的救助？你們志工不公平，核簽的人有私心！」投訴的人氣憤地說：「有一家人，開了麵包店，很有錢……」

夜裏，胡光中接到電話，一連串的抱怨，批評，把他從床上「彈」起來：「好！你帶我去看看，我馬上去你家。」

「從家裏到蘇丹加濟相當遠，但是如果不馬上解決，這種謠言就會愈傳愈廣。」胡光中說：「我不能讓有心人去汙衊志工、汙衊主麻老師。」

到了投訴者家，他先是一愣，然後囁嚅著說：「何必呢……」

「走走走！到底是誰很有錢，還來領救濟？」胡光中說：「我們得把他揪出來。」

「開麵包店的是我太太娘家的兄弟，他的店開在杜拜，跟我一點關係也沒有。」到了案家，男主人說：「我每天從一大早工作十多個小時，我家連個床都沒有……」

到了第二家、第三家，都是家徒四壁，孩子又多，看了令人鼻酸。

「他們很有錢嗎？我們濫用善款了嗎？」胡光中質問投訴者：「他們不應該獲得幫助嗎？」

「我，我也是聽人家說的。」

「不確實的話就是謊話，不可以懷疑志工的訪視，更不可以懷疑主麻老師的公正。」

「對不起！對不起！」

余自成好笑地說：「那天晚上，胡師兄很晚打電話給我，要我猜他在哪裏？原來大半夜他在處理這件事。」

能夠當場釐清，半夜也要走；最麻煩的是匿名的網路攻擊。曾經有人在網路上散播：有人很久沒去領了，那些錢都跑到誰的口袋去了？

「還好我們的電腦資料非常詳細，一印出來清清楚楚。」胡光中說：「我們自己把蘇丹加濟分成二十個區，每個區都有志工，為什麼沒來領？志工就會去家訪。」

有的是舉家已經到歐洲去了；有的是病倒了，無法來領。胡光中不厭其煩地在網站上說明回覆，一次又一次，贏得網友的稱讚，最後匿名告狀的人也不得不投降，道歉終結。

善門難開，還是要開。胡光中常跟妻子周如意互勉說：「當一個人要走正道時，魔鬼一定會不高興、不舒服，一定會扯後腿。如果一路順遂，一點困難都沒有，就要提高警覺，問問自己是否走錯路了？」

「我們受一點委屈算什麼？」胡光中說：「上人做那麼多，還不是免不了挨罵。」

周如意有感而發：「這就是『逆增上緣』！雖然有人挑毛病，會有點不舒服；但我們還得感恩他，感恩他推動我們，如果做得不夠好，一定要再接再厲，做到最好。」

篇三　牽你的手寫下愛

「我這些東西賣給你，好不好？」二〇一四年十一月，在蘇丹加濟市發放結束後，一位男子抱著剛剛領到的毛毯和食物來找胡光中。

「這不是我剛剛發給你的嗎？你不需要嗎？」胡光中訝異地說：「天冷了，你不需要毛毯嗎？你家人不需要食物嗎？」

「我需要錢——」男子一副要哭出來的樣子：「我希望我的孩子去讀書，可是我沒有錢。」

「陸陸續續，有家長來跟我提出相同的訴求，有的是爸爸、有的是媽媽，他們都希望讓孩子去讀書。」胡光中說，敘利亞難民湧入，土耳其政府其實對難民是很同情跟善待的，學齡兒童可以到公立學校免費入學，有病也可以到公立醫院免費看診。但是語言不通，實質上有很大的障礙和困難。

「小孩子很天真，卻有時也會傷人。敘利亞兒童去上土耳其學校，語言不通是個很大的問題，在學校也會被歧視、霸凌。有的人已經失學好多年，超齡去讀書，也很尷尬。」

胡光中表示，在伊斯坦堡有兩百多個私人創立的敘利亞學校，以阿拉伯語教學。蘇丹加濟市也有兩所私立學校，非常簡陋，沒有證書，有點像「私塾」。私校每個月都要收取費用，一個學校每月收一百元，另外一個每月收五十元。

主麻曾經拜訪學校，並詢問：「我送兩百個學生來讀書，是否可以打折？」學校不同意，只好作罷。

許多敘利亞兒童就在街頭遊蕩或乞討；有些為了家計，會到小型工廠或家庭工廠去做童工，像車縫工或到鞋廠做鞋子。

胡光中說：「他們一方面手小，靈巧，一方面工資低；再則小孩服從性也高。」

「一個九歲的孩子，還不會寫自己的名字，再不給他機會讀書，他就變文盲了。」主麻憂心忡忡：「打開《古蘭經》，孩子看不懂阿拉伯文，對敘利亞文化不了解，就等於失去了根。」

「孩子在街上遊蕩，無所事事，撿石頭丟路過的車子。他心裏不平衡，將來會造成家庭問題、社會問題。」孩子的教育多麼重要啊！想起那個要把毛毯賣掉的爸爸，胡光中和主麻商量怎麼辦？

第二天，胡光中跟臺灣慈濟聯繫：「敘利亞兒童失學嚴重，可否給予助學金，讓他們去上學？」

「你昨天才做慈善發放，今天就要做教育，會不會太快了？」

「教育不能等，敘利亞小朋友不能再耽擱了……」

經過請示證嚴法師後，慈發處王懿杭回覆他：「上人很支持你做教育，這樣吧，我先給你三十個名額的助學金。」

胡光中把蒐集到的資料和小朋友的照片統統寄到花蓮。「小朋友漂亮嗎？可愛嗎？」胡光中問：「他們沒有人幫助，都將成為文盲。將來會活得很辛苦，造成家庭問題、社會問題。」

「好的！給三十位助學金夠嗎？」王懿杭答覆。

「對不起！需要兩百位。」胡光中說。

「這，我要請示上人。」王懿杭請示之後回說：「可以！上人同意補助兩百名。」

「對不起，不夠，要三百位！」隨著持續家訪，需求節節上升。

「要三百五！」「要四百才夠——」「不行！要四百五。」「五百！」

「對不起！需要五百五十位——」胡光中報出的數字一直往上調，在蘇丹加濟市五萬名敘利亞家庭，找到五百多個學齡而失學的兒童，其實還有很多遺漏的。

「如你所願，上人同意助學補助五百五十位。」王懿杭答覆。

結果開學時，來報到的是五百七十八位。比預期超過二十八位。

主麻和胡光中在家訪過程中，一邊去拜訪蘇丹加濟市的副市長貝克・寇趣（Bekir Koc）和教育局長亞伯拉罕・迪米爾（Ibrahim Demir）。主麻說：「我們不是來尋求你們的幫助，而是要來幫助你們的。」

原來，免費讓敘利亞兒童就讀土耳其學校的政策，一直成效不彰，總是一個令人困擾的問題。

後來，市長阿里也知道了慈濟的助學方案，大表贊同，指示教育局一定要克服困難，大力支持。

主麻和胡光中的希望是，由政府提供空間。教育局長說，轄區內有幾個學校只上半天課，下午時間可以讓敘利亞學生上課。

教育局長立刻帶主麻和胡光中等人去參觀。最後選定一個傑北濟（Gebeci）的學校，作為敘利亞「滿納海」學校的地點。

「『滿納海』校名是主麻教授命名的。」胡光中說：「在阿拉伯語的 El Menahil 意思是『沙漠中的泉源』。」

土耳其學校提供硬體設備，早上是土耳其學生上課，下午時段讓敘利亞兒童讀書。教師由具有資格的難民擔任，老師薪水及其他雜支由慈濟負擔。

「滿納海」學校消息一出，立刻引起土耳其家長的議論。有人在網路上疾呼反對；有人還跑到教育局，去跟局長抗議。

局長說：「此事勢在必行。」

余自成還聽到局長對抗議的家長說：「如果你不喜歡下午有敘利亞學生來上課，可以把你的孩子轉學到其他學校去。」

二〇一五年一月二十三日，「滿納海」小學註冊，有土耳其家長擋在校門口，不讓敘利亞人進去。警察來處理後，敘利亞家長才得以帶孩子進校園註冊分班。

土耳其家長又跑到市政府，找市長抗議，市長跟他們說道理，請大家善待「客人」、「鄰居」。最後他說：「你們就是拿刀架在我脖子上，我也不會收回成命。」

「這個辦法非常好，其實我等你們很久了。」局長安慰胡光中和主麻說：「不要理會抗議的家長，學校是我們的，又不是他們的。」

相較於不理性的部分家長，余自成曾問過土耳其的學生意見，他們表示歡迎，還說：「他們是我們的穆斯林兄弟呀！」

伊斯坦堡大約有六十萬敘利亞難民，蘇丹加濟市就有六萬人，各行各業，臥虎藏龍，當然也有原來就是擔任教職的老師。

住在阿爾納武特市的凱門，原本在敘利亞就是一名教師，有二十年的資歷，偷渡到土耳其後，四十四歲的他無法工作，只好讓兒子去當童工養家。

他先是擔任志工幫忙慈濟發放，滿納海學校成立之後，凱門終於可以站上講臺，重執教鞭；他的孩子也可以就學，不致成為文盲。

三十一歲的馬木特，是敘利亞霍姆茲人，二〇一三年和父母、兩個兄弟，一家五口跟著人蛇集團偷渡到土耳其。

二〇一二年三月，他們一家人先從戰亂的霍姆茲逃到阿勒坡，平常三個半小時可達的路程，他們走了十五天。逃亡過程中，隨時可以看見坦克車、炸彈。

有一次大夥兒坐在路邊休息，只有一個朋友站著，突然「咻」的一聲，站著的朋友應聲倒下，中彈而亡。

在阿勒坡住了五個月，不可思議的事情發生了，飛機瘋狂轟炸這個敘利亞第二大城，頓時鬼哭神號。

「如果我不逃亡，勢必會被抓去當兵，到時候，不是殺人，就是被殺。」馬木特說。

一人付了一百元美金，跟著人蛇，花了十二天才走到邊境。

偷渡到土耳其時，他們沒有住進難民營，而是一路北上到伊斯坦堡。大學畢業的馬木特找不到工作，只好到成衣廠去車衣服或燙衣服。

「你們相信嗎？我的『同事』有的只有八歲。」馬木特說：「為了家計，孩子無法讀書，小小年紀就出來工作。」

在工廠工作了兩年，滿納海一校成立的時候，馬木特就去應徵，順利被錄取，擔任數學老師。

「我也擔任慈濟的家訪志工，訪問超過三千個家庭。」馬木特說：「最苦的是家裏沒有男主人，爸爸在戰爭中罹難，或失聯，音訊全無。沒有男人，誰來支持這個家庭？」

很多孩子小小年紀就要出來工作，在成衣廠剪線頭、摺衣服或搬東西。他說：「有的孩子因為驚嚇而失語，不講話；有的因為爆炸而失聰，需要戴助聽器。」

在家訪的過程中，有的人生了病，沒錢看醫師；或看了醫師沒錢買藥。他說：「指定藥局是免費的，但不是每個地方都有。經常是『受訪的人哭，我也哭。』」

我問他：「慈濟是否幫助了他們？有否撫平難民心中的傷痛？」

馬木特立刻說：「看我啊！我現在生活改善了，而且有機會替鄉親服務，我每天都很快樂。」

星期假日，馬木特都來為高三的學生加強數學，他盛讚學生都很認真、很優秀。他預期十年後，這些孩子將成為敘利亞重建家園的尖兵。

「我常常夢見我的故鄉，我好想回家。」馬木特說：「但我現在能做的，是把專業和愛傳授給我的學生。希望敘利亞以後變成一個不可輕忽的國家。」

嬌小的努兒菲旦是滿納海學校的心理輔導老師，六年前從阿勒坡偷渡到土耳其，再輾轉來到伊斯坦堡。當年懷著七個月身孕的她，如今兒子已經五歲了，在滿納海的小學預備班就讀。

「我的家是在敘利亞的中部哈瑪，原是小學老師。」努兒菲旦說：「結婚以後，就住在先生的家鄉阿勒坡，先生開了一家店，專門賣發電機。」

有一天她在家的時候，被狙擊手開槍打中，子彈從臀部貫穿到大腿炸開，治療了很久才痊癒。

「後來阿勒坡遭到大轟炸，我們家被炸毀了。」努兒菲旦說：「我們只好躲到鄉下去，在那裏住了七個月。」

看看鄉下也不安全，就決定偷渡到土耳其。努兒菲旦那時已經懷孕，跟著逃難的人群穿越橄欖樹林。她說：「後面有伊斯蘭國的追兵，路上有地雷，真是恐怖。」

逃難時，連結婚的金鍊子都賣了。到了土耳其，身上的錢都用光了，沒有東西吃，沒有地方住，就餓著肚子在公園睡了兩個晚上。

幸好有個土耳其人幫助他們，給了一個小小的、沒有廁所的房子棲身。先生找到一個燙衣服的工作，孩子出生了，沒有尿布，也沒有清洗的用具，真的好悲慘。

「之後有因緣認識了慈濟，我成了滿納海三校的老師。」努兒菲旦說：「我很幸運，能夠認識慈濟人，因為你們都有一顆潔淨的心。」

原來租的房子鄰居，很瞧不起敘利亞人。惡言相向以外，還揚言要殺掉他們。報警也沒有用，警察說：「對這種事，我們也沒辦法。」迫不得已，只好搬家。幸好新的土耳其房東很和善，房子也很好，只是房租很貴，幾乎去掉她薪水的一半。

八年沒有見到父母了，故鄉哈瑪已經恢復平靜，但是八十歲的父親、七十五歲的母親，望斷天涯，望不到子女歸來。

「我有六個姊妹，三個兄弟，全部逃難出來，現在想回也回不去了。」

努兒菲旦說：「父母年老，卻無法侍奉，是我心裏無比的痛。」

「但是能認識你們，並擁有你們的關心和溫暖，我們會好好活下去。」

努兒菲旦說：「在敘利亞的難民中，我不算最悲慘的一個，反而是最幸運的一個。看到你們，就如同看到我的父母一樣。」

二〇一五年一月二十四日，滿納海小學終於開學了，一共五百七十八位小朋友報到。開始他們在他鄉異域學習母語，以及接續自己的文化，使之不致斷層。

受聘的老師更是高興，不但可以擺脫打黑工，還能重拾教鞭，做一份有尊嚴且神聖的工作，待遇可以養家，大大改善了生活。

「記得二十三日，家長帶著孩子來註冊，氣氛是凝重的，大人小孩少有笑容，好像不太相信，這會是真的嗎？」余自成說：「但是第二天開學日，整個改觀。大家歡天喜地，笑容滿面，就是美夢成真啦！」

胡笙教長也領他的兩個孩子來上課，辛苦是有代價的，能夠用母語教學，阿拉伯文化不中斷，是所有敘利亞人的期望。

「這位穆罕默德小朋友，開學那天，六點就到學校等開門。」胡光中經常向訪客介紹一個可愛的男孩：「他太期待能讀書了；還有許多人跟我說，開學前一天，翻來覆去睡不著，因為太興奮了。」

開學了！小朋友都到齊了，集合在操場，校長及主麻等人講話鼓勵後，一班班的老師領著進教室去。發書了！負責拍照的余自成說：「有些小朋友拿到書，趕快寫上自己的名字；還有人拿到書，親了又親，愛不釋手。」

影像志工余自成捕捉著珍貴感人的畫面，突然看到一個小男孩在外徘徊，問他怎麼不進去，他說是跟著鄰居來的，沒有通知單，不能上學。

「你很想讀書嗎？」

孩子低著頭，點點頭，幾乎要哭了。

余自成把他帶給胡光中，胡光中再帶去給負責註冊的蘇培老師，之後補辦手續，完成了一個七歲男孩的讀書夢。

主麻和胡光中、周如意，一間間教室去探視，跟老師和學生打招呼。三個人淚流滿面，久久無法控制。

「當我架起攝影機，要訪問他們時，他們是哭得說不出話來。」其實余自成也流淚了，他說：「就讓他哭吧！畫面會說話，無聲勝有聲。」

最後主麻錄了一段給證嚴法師的話：「將來在每個敘利亞人心上，都永遠鐫刻著『臺灣』和『慈濟』四個字。」

半年之後，阿里市長打電話給胡光中，說收到教育部的消息，知道蘇丹加濟市成立的滿納海學校很成功，績效很好。

「土耳其政府打算找機構合作，要仿照滿納海的模式，在敘利亞人聚集的地方，設立一百八十所學校。」胡光中說：「還要求我們的老師去協助，當種子老師。」

不久之後，土耳其政府和聯合國兒童基金會「教育不能等」計畫專案合作，在敘利亞人聚居的地方陸續成立，名為「臨時教育中心」，嘉惠了三十五萬的學童。

「聯合國的功能就像慈濟一樣，慈濟給老師薪水、補助學校的水電、事務費。聯合國也是給老師薪水，補助水電、事務費。」胡光中說：「之後，慈濟加發學生的交通費，聯合國也跟進；慈濟發放『打工生家庭補助金』，聯合國一樣照辦。」

胡光中說：「我們是走在前面，聯合國和土耳其政府看到了，就跟著我們做。真好！大家一起來，為下一代的教育努力。」

什麼是「打工生」？什麼是「家庭補助金」？

「學校成立了，但還有很多孩子沒有來，為什麼？」胡光中說：「因為他們必須去打工。」

於是滿納海學校先成立「假日班」，讓打工的學齡兒童利用週六和週日，來學校讀書。

只有假日來上課是不夠的。有沒有辦法讓他們不要打工？能夠安心來上學呢？

這年七月二十四日，胡光中夫婦和余自成，陪著主麻、蘇丹加濟市副市長貝克、教育局長亞伯拉罕一行六人，來到臺灣花蓮拜見證嚴法師。

主麻說：「這麼長一段時間，小孩失去了知識的光明，現在能夠重見光明，對家長來講是多麼珍貴。」

「報告上人，有一件高興的好事，就是聯合國和土耳其政府要仿照滿納海學校，廣設敘利亞學校，讓三十多萬個敘利亞孩子去讀書。」停了一下，胡光中又說：「還有一件是不好的、難過的事，就是還有很多孩子不能來學校讀書？」

「為什麼呢？」法師問。

「有些孩子為了家計，必須去打工。」胡光中說：「他們一天要工作十二、三小時，一天上廁所只給十三分鐘。」

話還沒說完，胡光中哽咽起來：「最小的打工孩子只有六歲……」胡光中哭了、主麻哭了、副市長哭了……大家哭成一團。

法師看到面前的胡光中哭得悲慘，就遞衛生紙給他，一張不夠，再遞一張，還不夠……

胡光中回憶當時場景說：「上人乾脆把整包衛生紙放在我面前。」

看到幾個大男人痛哭不已，法師說：「我們來補貼孩子打工的工資，讓他們的家庭可以生活，讓孩子可以讀書。」

「有朝一日，他們可以回自己的家鄉繼續讀大學，讓他們知道普天下有愛心的人很多，讓他們消除掉心中的仇恨，種下愛的種子。」

那一天晚上，主麻寫了一首詩，第二天由胡光中翻譯，獻給法師。

胡光中謙遜地說：「不是我翻譯的啦！普通文章還可以，詩，太難了。」

結果是這樣解決的：先傳回土耳其請人翻成英文，再找謝金龍醫師將英文翻成中文。

那天，主麻用阿拉伯語念，胡光中念出中譯的內容：

願真主阿拉賜和平予您和您的弟子
也賜千萬個和平予深陷苦難的同胞
來自真主的和平與慈悲溫柔與您同在
我注視著來自您閃亮眼神的光
猶如明燈，永晝不滅
您是數百萬求助無門人的慈母

回到土耳其，開始尋找學齡的打工生。胡光中、周如意和主麻親自出馬去家訪，為的是取信家長。

「真的嗎？我的孩子不必工作？去讀書？」「你們還會給我們錢？」

「是的！他賺多少錢，我們就給多少錢。」胡光中說：「讓孩子去讀書，多麼重要。」

主麻說明：「這是臺灣慈濟基金會佛教證嚴法師的慈悲心。有知識才有力量，小孩不能變成文盲。」

患有小兒麻痺症的阿罕德在敘利亞是通訊行老闆，來到土耳其，找不到工作。他有四個孩子，十一歲和十二歲的兒子和女兒去當童工；老三阿布都在家幫媽媽做手工，把圍巾下面的鬚鬚打結，以防毛線脫落。

阿罕德不敢相信小孩去讀書，慈濟還會支付薪水給他們，求胡光中不要去找孩子的雇主，以免孩子被「開除」而「失業」，那他們家就沒有經濟來源了。

「最後阿罕德被說服了，老大、老二都去上學。」胡光中欣慰地說：「連小阿布都也跟著哥哥、姊姊，背著書包去讀書。」

十一歲的阿里，在鞋子工廠當童工，每天從早上八點工作到晚上八點，整整十二小時。他說，常幻想自己還在敘利亞，還在學校讀書。

「冬天很冷，我都起不來，想到要去工作……」阿里受訪的時候，在鏡頭前忍不住哭起來。

現在有了慈濟的「打工生家庭補助金」，阿里可以不必去工作，而是快快樂樂地去上學，童稚又愁苦的臉上終於綻開了笑容。

挨家挨戶地找，甚至找到工廠去，找老闆直接「要」孩子。

「不行！他走了，我怎麼辦？」老闆不高興地說：「胡桑很勤快，是個好工人，我不能讓他走。」

胡桑的薪資一個月七百元土幣，老闆說：「我加薪，下個月薪水給他八百元。」

「不！我要讀書……」胡桑站起來，勇敢地為自己發聲。

「九百！你不要走，下個月給你九百元。」

胡桑不作聲，他很掙扎。胡光中以為他被金錢「誘惑」，只好無言地離開了。

「到了下午，胡桑出現在學校，我很驚訝、也很高興。」胡光中說：「他說他想讀書，而且補助只要七百元就好。」

「他用兩百元投資自己，買未來的希望。」胡光中對家長及孩子說：「大家要珍惜讀書的機會，好好用功，將來做個有用的人。」

「有的家長不敢相信慈濟的補助金是真的，因為他們之前被騙多了。」胡光中笑說：「有的薪水是七百元，家長不說實話，告訴我們只賺四百。」

核算之後，四百元不夠啊！於是簽訂每月給他五百元補助金。發放時，家長一看，才悄悄說實話。因為他們怕的是，「你們實際上是來調查孩子的薪水」，所以就以多報少。

「慈濟付工資，讓孩子去讀書，沒想到是『來真的』。」一傳十，十傳百，很多家長才紛紛來提出申請，經過志工詳細家訪，列入補助。

剛開始，只有補助一百三十位打工生，後來兩百多、三百多……最後多達四百五十位，這些孩子從工廠走出來，從此背著書包去上學。

胡光中說：「希望十年、二十年、三十年後，愛的種子會發芽，長成愛的大樹，結出愛的果實。」

二〇一六年二月三日，胡光中一家人陪同蘇丹加濟市長阿里父子、教育局長亞伯拉罕來臺灣，拜會證嚴法師。

胡光中師兄一家人陪同蘇丹加濟市長阿里、教育局長亞伯拉罕及市長兒子哈肯拜會上人，為慈濟援助境內敘利亞難民表達感恩之意，也表達對南臺震災的關心與祝福。

市長表示：「感恩慈濟大力襄助，讓敘利亞孩子安心上學，不致流浪街頭行乞，也讓我更為堅定幫助敘利亞人的心志。」

上人言：「生活在天地間，不分種族、宗教與國界，人人都是一家人；

聽到有人受災受難，平安的人要伸出援手，這是佛教精神，也是伊斯蘭教的教義。」

正信宗教都提倡寬宏無私之愛，上人表示：「無論仁愛、博愛、慈悲或大愛，都是人類之善、人類之美；人人都具有善與美，就能啟發出宗教的虔誠心。」

為了幫助敘利亞難民，土耳其、約旦和歐洲慈濟人長年在各地付出。上人表示：「全球慈濟人秉持相同的精神理念，幫助天下受災、受苦之人，期待有更多善因、善緣，匯聚成一股股善力，協助難民度過難關。」

（摘自《證嚴上人衲履足跡》）

此外，還有一件很重大的事必須未雨綢繆，特地來向證嚴法師報告的。

土耳其政府和聯合國兒童教育基金會「教育不能等」專案計畫合作，仿效滿納海模式廣設學校之後，政策一直在改變，特別是教育這一塊。政府希望敘利亞的孩子也能融入土耳其社會，所以考慮減少或取消阿拉伯語教學，加強土耳其教學內容。

土耳其學制是四年一個階段，一到四年是小學、五到八年是初中、九到十二年是高中。

從二〇一七年起，一、五、九年級一律取消阿拉伯語；二〇一八年一、二、五、六、九、十年級也取消阿拉伯語。以此類推，到二〇二〇年，「臨時教育中心」就會全部改成土耳其語教學。

如果這是真的，那就太糟了。因為敘利亞人逃難出來一無所有，僅存的只有宗教信仰和尊嚴。孩子不學母語，將來打開阿拉伯文的《古蘭經》，會看不懂。失去了阿拉伯母語，就是失去文化的根。

「我們辦滿納海學校，就是要保留敘利亞人的阿拉伯母語，如果全部土耳其化，我們該怎麼辦？」

阿里市長建議：「慈濟不如自己辦學校。唯有自己辦私立學校，教學才能自主。」

一行人回到土耳其不久，學校校長大異動，滿納海三個學校的土耳其新校長對敘利亞人不夠了解，甚至不是很友善，首當其衝的就是下午班的滿納海師生。刻意刁難和辱罵，有的老師還被罵哭了。

「最嚴重的是，一位老師還被栽贓，差點移送法辦。」胡光中氣憤地說。當然結果是還老師清白，但是整個氛圍是詭譎的、沈重的。

土耳其校長和敘利亞老師無法溝通，敘利亞老師覺得不被尊重；土耳其校長覺得敘利亞老師不夠配合，雙方鬧得很僵，氣氛是凝重的。

原來的愛和歡樂，跑到哪兒去了？胡光中很痛心：「我們為什麼辦學校？為的是下一代的希望。上人要消除孩子心中的恐懼和痛苦，拔除埋在心底的怨和恨，重下愛的種子，一定要自己辦學校，才不受制於人！」

阿里市長和胡光中開始找土地；慈濟營建處規畫設計圖。後來教育局長找到一塊土地，地點和交通、大小都相當理想。

「六月份大愛臺楊景卉和鄧志銘來拍節目時，我還告訴他們，這可能就是我們學校的預定地。」胡光中嘆道：「人算不如天算！」

在這之前兩個月，七月十五日，土耳其發生政變，軍方內部派系企圖推翻總統。這場政變造成至少兩百六十五人死亡和數千名群眾受傷，激戰一夜，以失敗告終。

政變之後，政府禁止人群集會，學校也禁止基金會等人員進出。滿納海學校幸得敘利亞校長和老師的用心維持，可以繼續運作，只是志工不能進去關懷。

胡光中也進不去，心懷滿納海，可就是英雄無用武之地，乾脆帶著妻兒回臺灣。到了臺灣，胡光中也沒閒著，一系列名為「星月下的愛」演講，一場又一場，臺灣頭走到臺灣尾，應接不暇，總共分享了六十多場。

不知不覺過了三個月，媽媽心疼說：「回來三個月，你都忙成那樣，能不能給我三天？」胡光中非常歉疚，終於婉謝邀約，在家陪父母，享受天倫。

二〇一六年十月二十二日凌晨，胡光中收到了一封信，是滿納海二校校長拉法德代表所有校長，還有老師、行政職員的名義寫出來的信。

信裏面聲聲呼喚：求求您們，再求求您們，不要放棄我們，千萬不要放棄我們！

「回不回去呢？回去還是進不了校園。」胡光中很掙扎：「我留在臺灣，可以到處分享，讓大家了解敘利亞難民，啟發愛心，捐出善款幫助他們。」

「不要放棄我們！」像芒刺一般，刺在胡光中心上。十一月十八日，他毅然決然，歸心似箭地飛向土耳其，臨行之前，他錄下一段話，也朗讀了那封信。讀信的時候，幾次哽咽，不能自已。

二〇一七年二月開始，慈濟在全球發起「國際大愛，心蓮滿人間」祈福音樂會，為敘利亞難民祈福募款。

約旦慈濟負責人陳秋華專程返臺，在臺北國際會議廳的音樂會上現身說法，向大家致謝。「我為敘利亞難民，跟您們頂禮！」冷不防，陳秋華猛地跪下來磕頭。一時間，全場動容飆淚。

音樂會中，也播放胡光中的錄影片段，他說：

「七月十五號，土耳其發生了政變，政變之後，土耳其的政局非常混亂。前幾天，土耳其政府開始轟炸敘利亞北部的阿勒坡城，主要是針對庫德族的反抗軍。

因為土耳其國內有將近一千萬的庫德族人，所以庫德族人就開始暴動，暴動了之後，現在土耳其政府頒布了緊急令，希望不要有任何人做集會。

意思也就是說，我們原本在幫助的這些戶數，他們原本每個月等待的這些援助可能都會暫停，讓他們感覺到非常得心不安。學校老師也非常忐忑，給我寫了這封信——

敘利亞人今天生活在一個非常困苦的時期，也許是人類歷史上最困難的時期，人們失去他所愛的，父親失去了孩子們，母親失去她的嬰兒，孩子失去他的笑容，甚至可以說偷走了他的夢想。

男女老少統統面對著生活上的困難，這些困難讓我們連生活上的基本需求也達不到，穿不暖、吃不飽，孩子、婦女都必須工作。

因為物質的缺乏，很多的男人與太太離婚，很多的父母把孩子趕出家庭，所有可以想像到的悲慘事情，都發生在敘利亞人的身上。

這種情況一直到我們碰到了慈濟，您們到土耳其解除人們的痛苦，聽到我們的心聲，回答我們的需求，人們開始有了希望，希望自己的未來可以是什麼樣，開始為孩子計畫什麼時候可以上學，開始可以像別人的家長一樣去計畫孩子的課業。

您們伸出手去幫助孩子可以得到教育，您們開始做義診中心，您們在這裏成了敘利亞人的慈父慈母，只要我們一有問題，第一個想到的就是到慈濟去請求協助。

誰心中有了痛苦，第一個想到的就是慈濟，您們好像可以幫助敘利亞人解決所有的問題。一直到現在，這一個地區所有孩子都可以讀書，所有病人都可以受到醫治，您們撫平人們心中的怨恨。

人們開始不會有嫌隙或者是怨恨彼此，反而開始會散播愛的種子，他們心裏面有了希望，孩子們臉上有了笑容。

非常感謝您們，從心裏面感謝您們，對我們所做的以及站在我們這一邊，為我們著想，傳播愛給我們，痛我們所痛、苦我們所苦，不管我們謝謝再多也無法回報我們對各位的恩情，我們只能夠祈求阿拉，在後世給予各位吉慶。

求求您們，再求求您們，不要放棄我們，不要放棄我們！

因為您們的善，讓我們知道世界還有善的存在。在蘇丹加濟市的敘利亞人，從您們身上看到了希望，以孩子的名義，我想告訴您們，重回他們臉上的笑容，是您們給他們的，請您們不要把這希望的大門關上。

以學校工作人員以及老師的名義，我們感恩您們的慷慨以及人道，您們不會把我們丟下，我們知道，從您們身上我們看到了人道之愛以及兄弟之情，這在我們之前很少在別人身上看到，這種情誼請您們讓我們保留下來。

請您們不要丟棄我們，請您們把我們的心聲，告訴所有的慈濟人，謝謝您們的人道援助，謝謝您們的愛、謝謝您們和我們在一起，謝謝您們為敘利亞的難民所做的一切。

滿納海三校行政人員及所有教職人員敬禮

各位師兄！各位師姊！我想有時候，我們能夠付出，其實已經是非常感恩。在這種情況下，我也不知道我們還能夠為他們再做些什麼，我想最重要的，我請求大家，為他們祈禱、為他們祈福。這就是我們希望大家能夠做的，感恩各位。」

胡光中在影片中哽咽，久久說不出話來，在場所有來賓也都陪著掉淚，心有戚戚焉。

這支影片，在全球慈濟的音樂會上播放，募到很多愛心，也募到很多援助敘利亞難民的善款。

「二〇一七年二月底，我們終於獲准進入學校，但是我進去一看，真傻眼了，怎麼如此髒又亂？」胡光中說：「我去跟土耳其校長抗議，他說，我們土耳其學校就是這樣，打掃是清潔工的事，不是小朋友的事。」

這時敘利亞學生激增，在阿里市長的支持下，滿納海五校和六校分別在一月和二月初成立，六校又將初中生分出來，單獨成為七校，八月又成立八校，學生共三千多人。

五月，胡光中緊急飛回臺灣，向證嚴法師報告，並和宗教處、慈發處，及基金會副執行長劉效成密集討論，商量對策。

「滿納海學生這麼多，但政策是減少阿拉伯語，朝土耳其化前進是免不了了，阿里市長建議我們，最好的辦法是自己開辦國際學校。」胡光中說：「而且要辦阿拉伯語的國際學校。」

阿拉伯國家只有四十幾個，經調查結果，蘇丹和伊拉克在土耳其的國際學校都很貴，約旦和黎巴嫩很難辦理。

利比亞！

胡光中年少時曾在利比亞讀書，在班加西大學主修教育，他的同學現在都在利比亞教育單位擔任高階職位。胡光中跟同學聯繫後，同學介紹利比亞在土耳其的國際學校負責人，該校已有四年歷史。

「一般國際學校學費一年要三千到七千美金，但是利比亞負責人知道是敘利亞難民學生，只收一人三十美金。」胡光中說：「我們學校等於是他們的聯盟分校，我們的學生等於是他們的學生，這樣就不必受制於土耳其的規定了。」

二〇一七年以前，土耳其政府對國際學校管控較鬆，只要有國際證書，有大使館蓋章就可以。

後來因為難民愈來愈多，私立學校亂象叢生。土耳其政府開始嚴格規定，學校附近一百公尺不能有酒商、賭場；每一個學生的活動空間大小；消防、衛生、逃生設施等，都有明確規定。

「我們勢必要有自己的學校！」

胡光中和劉效成密切聯繫，二〇一七年五月開始討論：買土地，蓋學校？或租土地，蓋學校？蘇丹加濟市政府也積極幫忙，找了幾塊土地供慈濟選擇。但是要簽署公文、整地、建造……恐怕緩不濟急。

找現成的場地如何？土耳其很多學校，都是在大樓裏面。如果有適合的建物，不是更快嗎？

胡光中和主麻等人研究，學生主要分布的地區、交通狀況。找到大約六個地方，分別做了簡報，找機會向證嚴法師報告，並討論優缺點。

最後選定了納林大樓，地點適中，交通便利，門口就是輕軌電車站，還有多線公車。更巧的是，它是一棟新建好的大樓，沒有隔間和裝潢，可以按照學校標準去設計。

業主是一對雙胞胎兄弟，胡光中詳細地說明租賃此樓的用途，並且播放大愛臺製作的影片給他們看。弟弟艾罕納林看了感動得流淚，他說：「我們十一歲父母雙亡，也是自小失學的孩子。我們很佩服您們，從那麼遠的地方來幫助根本不認識的人。」

「納林先生願意把大樓租給我們，讓敘利亞的孩子繼續讀書。」胡光中喜出望外：「我就先付了一萬塊美金當成訂金，因為怕他反悔。」

至於合約細節，租金多少？如何給付？租多久？就雙方再細談吧！這是二〇一七年七月中旬的事。

接著，緊鑼密鼓請設計師做基礎設計圖，然後送到安卡拉給教育部審查；再接著設計建材規格，提供給廠商估價；辦公桌椅、學生課桌椅、黑板……也都要估價、採購。

八月九日，劉效成副執行長、宗教處邱國氣、陳瑩芝飛來土耳其，和大樓業主納林兄弟簽訂合約，並展開工程招標，要做隔間及裝修。

胡光中說：「最初有七家廠商來領表，聽說二十幾天要完工，有三家說哪有可能，就知難而退了。」

剩下四家準備投標，這時有一個人來找胡光中說：「我已經跟蹤你十天了，我知道你要做什麼，拜託這個工程不能給他們做，我來替你做。」

這個人就是大樓業主艾罕納林先生，胡光中說：「他一邊懇求讓他來做，還一邊流淚。」

經過詳談，胡光中感受到他的誠意，於是簽訂合約，請納林先生承包大樓隔間以及裝修，並且要趕在九月初完工，以利開學。

因為樓下部分已經隔成三間店面，為了學校使用，勢必要把隔間敲掉，變成一個大空間。

這一日，納林敲下第一槌，「碰！」裝修開始了，大家都很興奮。納林多年從事營建業，有很多協力廠商，所以舉凡需要水泥、磚塊、油漆、木工、水電，都是很熟稔的，而且供貨也沒問題。

大樓地面七層，地下兩層，有三個電梯，地下層和地面層都是開放空間，以上各層裝修成教室，教室分布在四周，中間是活動空間，可供學生集合及下課時使用。

「自己的學校自己來，裝修期間，老師、學生、家長、志工都來幫忙。」

余自成帶著攝影器材，拍照、錄影，從觀景窗，看到許多感人的畫面。

「一塊水泥磚十一公斤，大家排成人龍，一塊塊傳遞上去。」余自成說：「父親傳給兒子，老師傳給學生，每個人都不喊累，做得好開心。」

胡光中經常半夜還接到納林的電話，跟他討論裝修的事。「我跟納林說，你是內行，我是外行，怎麼還問我呢？」

討論什麼呢？比如說：納林覺得原先設計的門不夠好，可否換成更好的？胡光中說：「原本一扇兩千元的門，他要換成八千元的。我開始擔心，這樣一直追加，最後結帳不知道要增加多少錢？」

建材送進來，那時還沒有門窗，整個大樓洞開。如果有宵小進來，把建材搬走，不是損失大了嗎？

來自巴勒斯坦的志工穆罕默德自告奮勇，晚上由他來守夜。穆罕默德的叔叔是胡光中在利比亞留學時的同學，穆罕默德從巴勒斯坦經埃及來到土耳其，就參與慈濟志工，做得滿心歡喜。

穆罕默德是余自成的「徒弟」，余自成教他拍照、錄影，還把自己「退役」

的相機給他用。「他不簡單喔！在大樓『工地』整整守了大約一個月。每天灰頭土臉的，還是很高興。」

工程僅僅二十四天，就完工了。胡光中看納林拿來厚厚一大本帳單，心裏七上八下，不知道他會不會獅子大開口，要一個天價？

「沒有想到，他只要一百三十二萬里拉。」胡光中大感意外：「比我們設的底標兩百零五萬里拉還少很多。」

納林說：「我跟所有的協力廠商說，這是臺灣慈濟基金會為敘利亞難民學生蓋的學校，他們遠在八千公里之外，而且是個佛教團體。我們應該學習他們的精神，請大家只拿成本，不要賺一毛錢。真主阿拉會回賜給你們千倍、萬倍。」

「如果給別的廠商做，你們大概得多付兩百萬里拉。」納林說：「我已經很有錢了，不在乎這兩百萬，我只要給孩子們一個舒適安全的讀書環境。」

二〇一七年九月二十四日，滿納海一校到五校學生全部移到納林大樓開學，這一天，也是滿納海正式成為利比亞國際學校的一天。

篇四 長出新芽迎微風

二〇一八年四月，資料都齊全了，沒想到胡光中把學生學籍拿到安卡拉的利比亞大使館要蓋章的時候，遭受拒絕。

胡光中說：「因為利比亞分裂成東政府和西政府，他說我們是東政府發的證明，西政府的大使館不承認，他們不受理。」

二〇一一年突尼西亞「茉莉花革命」，衍生出「阿拉伯之春」的革命浪潮。利比亞在反對派受到西方軍事支援下，推翻總統格達費。脫離獨裁統治後，內戰卻沒完沒了。

自二〇一四年開始，利比亞一分為二，東面政府以托布魯克（Tobruk）作首都，西面政權的首都是的黎波里（Tripoli）。國家分裂成東西兩個部分，極端組織伊斯蘭國更乘機入侵，整個利比亞陷入紛亂複雜的動盪不安。

彷彿是青天霹靂，胡光中和主麻緊急會商，透過利比亞同學安排，胡光中要親自去的黎波里拜訪教育部長和議長，爭取支持：這完全是為了敘利亞兒童的教育，無關政治啊！

胡光中辦好了簽證，打算飛去利比亞一趟，可怎麼就是訂不到機票。

「好不容易機票好像有了眉目，卻傳來一個令人震驚的消息，的黎波里發生戰爭，又打起來了。」胡光中無奈地說：「國家不安定，隨時都會有狀況發生。」

怎麼辦？再尋找吧！蘇丹？黎巴嫩？卡達？「費用都是很貴很貴，我們付不起！」

七月中旬，土耳其教育當局來了公文，說要是到八月底，滿納海還沒有國際學校的證書，學校就要關閉。

走投無路了，有一次在餐廳，聽見隔壁桌的人講阿拉伯語，胡光中過去打招呼。寒暄幾句，胡光中提起滿納海學校的事，其中一位人稱「教授」的先生說：「找葉門國際學校啊！」

「葉門？」胡光中說：「他們匆匆走了，但是『葉門』第一次進到我腦海裏。」

第二次聽到「葉門」是在第二天，胡光中在住家樓下聽到幾個少年講阿拉伯語，就問他們：「你們在哪裏念書？」

「葉門國際學校！」又是「葉門」！胡光中仔細問了學校的各種情形，心裏面對「葉門」印象就更深刻了。

七月底，胡光中去參加一個紅新月會召開的會議，請聯合國兒童基金會和世界糧食計畫署列席，在會議上認識了一個「葉門友好協會」的伊斯馬義先生。

伊斯馬義專門負責葉門留學生的事務，胡光中抓緊機會問：「我們有個學校，可以幫忙登記成葉門國際學校嗎？」

伊斯馬義說：「我問問看，我們協會執行長有三個學校，應該不難。」第二天，胡光中請伊斯馬義和「葉門友好協會」的人員參觀滿納海學校。

當天晚上，胡光中寫了一封文情並茂的長信，給「葉門友好協會」執行長——葉門司法部副部長阿布都拉吉布先生。

吉布看了，了解臺灣慈濟基金會如何援助敘利亞難民，以及滿納海學校等等，很受感動。因為他週日要去麥加朝覲，就跟胡光中相約，八月三日週五在「葉門友好協會」見面。

兩人見面相談甚歡，只是申辦葉門國際學校，至少也得一年時間，胡光中說：「我只剩二十幾天了。」

談話過程無意中，胡光中說：「我每天開車出門，向右轉三分鐘，可以到公司；向左轉一個小時，我會到學校。四年來，我從來不進公司。因為敘利亞這些孩子，就像我的生命一樣。」

吉布聽了很感動，問：「你家在哪裏？」

「在索拉坎。」

「我也住索拉坎……」吉布高興又意外：「我們是鄰居呢，你住幾年了，我住六年，怎麼都沒見過你呀？」

胡光中說：「我住四年，每天都早出晚歸，所以才很難碰見吧！」

兩人相擁流淚，當天晚上，吉布到胡光中家拜訪，兩人一直聊到凌晨一點。聊到前幾天在樓下碰到的葉門少年，原來就是吉布的兒子，真巧啊！

吉布說：「你是我的鄰居，也是我的兄弟，更是一個好人。我一定一定想辦法幫你，祈求真主阿拉保佑！」

隔天星期六，吉布帶著胡光中要去參觀葉門的學校，其中一位校董哈笙先生說：「你們要就快點來，很不巧呢！我等會兒要趕去機場接一位客人。」吉布和胡光中趕去，見了面，說明來意。哈笙搖搖頭說：「恐怕不太可能，很困難……」

到了晚上十一點多，胡光中接到吉布的電話，說哈笙去接機的那位客人，就是美國國際學校認證公司的副總裁，他答應明天去參觀滿納海學校。

八月五日，星期日。胡光中夫婦、吳青泰、主麻、老師、志工，全員等待。「這位美國教育認證機構（Advance Education, Inc.）的副總裁凱姆•侯賽因（Kem Hussain）先生，是一位印度裔的穆斯林，大家相見，異常歡喜。」胡光中說：「我們詳細介紹滿納海幾年來的努力，以及現在的困難。」

談到認證，胡光中擔心兩個問題，一是美國學校認證，須經過層層評鑑，可能要耗時兩年，而滿納海的時限只剩二十幾天，真是遠水救不了近火。

另一個問題是錢，美國學校的學生一年可能需要付費一到三萬美金，敘利亞難民哪來的錢？

胡光中拿出慈濟的竹筒說：「我們是有心的團體，不是有錢的團體。每一分錢，都是全世界有心人一點一滴存下來的。」

凱姆非常感動，從口袋掏出一百美金，投入竹筒內。

那天晚上，胡光中也傳了一封很長很長的信給凱姆。再度懇切地細數慈濟如何援助敘利亞難民，以及辛苦經營滿納海學校，如果沒有學校給文憑，學校將會被關閉等。

凱姆後來說，他接到信之後，盯著信呆坐了一個半小時。他很掙扎、很猶豫：我要留下來嗎？

原來，凱姆隔天一早要到英國倫敦度假一週，妻兒和岳父母將從美國邁阿密飛來和他會合，所有的機票和飯店都訂好了。不去度假，就得取消。

最後，他決定取消到英國的旅遊，全家人留在伊斯坦堡。為的是，幫滿納海學校辦理國際認證。

「度假和服務，我選擇了後者。」凱姆說：「我何等幸運，能得到三千多個孩子給我的感恩和祝福。」

「經過繁複的過程和手續，還麻煩洛杉磯慈濟總會的黃漢魁執行長幫忙，第三天，終於美國國際學校的認證通過了。」胡光中說：「這是有史以來，特例中的特例的特例！而且還不花一毛錢。」

好事情來得太快，胡光中恍如在夢中：這是真的嗎？會不會是假的？騙局一場？

他說：「我上網去查，不得了！美國教育認證機構是全世界最大的教育認證公司。有一百多年的歷史，全球有三萬兩千個學校是它認證的，有兩千多萬學生，四百萬老師。」

胡光中再三向凱姆道謝，還說了一件令他覺得不可思議的事：「滿納海學校，要品學兼優的孩子，才有資格去打掃廁所。」

「以前問孩子，你的願望是什麼？他的回答是：想吃一頓好的、或睡一個好覺。」胡光中說：「現在問孩子，他們的願望變成：我要成為醫師、教師、工程師、法官。」

凱姆又驚訝又感動，他說：「我一定要幫助你們，和世界接軌。」

八月六日，胡光中去葉門國際學校參加美國學校認證通過的典禮；七日，凱姆把認證證書給他，但通過日期寫的是「八月三日」。

胡光中感動莫名，原來凱姆一心想幫忙，就想出一個權宜措施，把滿納海掛在葉門的學校裏面，而葉門國際學校申請了好幾年，也才剛剛通過認證。

為什麼葉門國際學校還要千方百計變成美國學校？胡光中說：「葉門也是動盪不安，分裂、內戰，情況比敘利亞更糟。」

葉門位於沙烏地阿拉伯之南，受「阿拉伯之春」影響，總統沙雷在二〇一二年被推翻，國內陷入戰亂。伊朗和沙烏地阿拉伯又介入，以及極端分子蓋達組織和伊斯蘭國入侵，導致南北分裂，全國一半以上人口陷入飢餓危機。

胡光中說：「吉布也算是流亡難民，沙雷總統被暗殺之後，他就滯留土耳其，成立協會，幫助葉門難民。」

二〇一八年八月三日順利加盟葉門的美國學校，納林大樓也使用大約一年了，看似教育列車已經在軌道上順利地向前行駛了，沒想到，更大的考驗才要開始。

以前都是有錢人創辦私立學校，收費很貴，是很賺錢的一個行業。只要能提出證書就可以，所以產生很多「野雞學校」、「學店」，租一個小小的建築物，可以「塞」好幾千個學生，美其名是有的上午班、有的下午班，所以學生名額超多的。

這些付了高額學費的私校學生，如果不好好讀書，一樣拿到證書，等於買文憑。有了文憑最後都進到土耳其大學去，破壞了教育系統體制。

「特別是敘利亞難民大量湧入之後，土耳其政府就開始控管。」胡光中說：「學校嚴格規定各項設施，每個學生的活動空間，小學生和中學生不一樣。不能規畫上下午班，而且每班只能有二十四個學生。」

滿納海國際學校有三千人，上午班只能有一千五百人的名額，又因為酒商距離後門只有六十五公尺，把後門關掉，後門空間不能計算，土耳其教育單位只核發兩百五十個名額。小學、初中各五十名、高中一百五十名。

差太多了！但是當時和主麻等人商議的結果：「接受吧！先把學校開了再說。」

「我們之後再申覆，說旁邊還有個邊門，計算之後，總共給我們五百三十一名。」胡光中說：「五百三十一名之外的學生要去土耳其學校註冊，利用半天的時間來我們學校讀書，在這裏才可以學到阿拉伯語，所以他們兩邊跑，很辛苦。」

「美國學校的證書，由我的紐澤西合夥人拿去認證，寄來之後，我們送去安卡拉教育部，接著放十天忠孝節長假。」胡光中說：「八月三十一日前要送達，我們還提前兩天半，督學說，資料完備，應該沒問題。」

結果有消息說，滿納海學校有問題，可能通不過，因為有人投訴，告了幾樁罪狀：這是一個傳教的學校、學生品行不端、抽菸、打架，還有跟光明會有關……

胡光中以為是哪一個官員故意刁難，沒有放在心上。但是阿里副省長認為要求證，寫了信給伊斯坦堡的省長和副省長，得到的回音是，果然有問題。

半夜十二點，教育局長亞伯拉罕打電話給哈肯，說滿納海申請已經被駁回，學校必須關閉。

胡光中得知消息，震驚莫名，趕緊通知主麻，兩人都徹夜未眠。

「雪上加霜的是，網路上出現一篇文章，罵我們是騙子。」胡光中說：

「看到這裏，我們更確定，這是有人刻意製造的攻擊。」

那篇網路文章是一位滿納海學生寫的，他暑假時去教育廳要申請利比亞同等學歷認證，結果同行的父母、兄長和同學都被警察抓起來，說他們來騙文憑。

學生說他上當了，希望聯合其他同學一起來向滿納海學校提告。

胡光中悲憤極了，天亮了，他突然發現自己沒有聲音。這天是九月一日星期六，也是發放日。他趕到學校，來領取補助金的特困戶和打工生已陸續進場。

「我把所有的文件都印出來，要跟大家說個清楚，這幾年來的奔走有多辛苦，除了主麻教授，沒有人知道。」胡光中說：「我從來不曾對外說的困難，是應該讓大家知道的時候了。」

吟唱《古蘭經》的時候，氣氛就有些異樣了。之後，胡光中拿起麥克風，沈重地開口了：「我要跟大家宣布一件不幸的消息，我們學校要被關閉了！」

現場一陣譁然，大家面面相覷，不知道為什麼費瑟（胡光中）會這麼講？

「今天接到消息，教育部說我們學校有問題，不能再辦下去……」胡光中哽咽說不出話來。

有打工生衝上來，把他緊緊抱住。接著更多更多的學生都站出來，大家抱在一起，也哭成一團。

「還有人在網路上寫，說他被我們騙了！」胡光中說：「我騙了什麼？請問，你們來讀書付過任何一毛錢嗎？」

「沒有！」學生哭著說。

「各位家長！你們的孩子來讀書，我們曾向你們收取任何費用嗎？」

「沒有！」連大人也哭了。

胡光中聲音發不出來，主麻接過麥克風，繼續說下去。

「因為土耳其政府要逐年取消敘利亞學生讀阿拉伯語的政策，我們為了要保存大家學母語的機會，才會積極爭取成立國際學校。」主麻說：「為了學校，費瑟到處奔走，但是你們都不知道其中的艱辛。」

接著，胡光中把申辦利比亞學校，以及葉門學校的經過說了一遍，然後又說：「我們一路走來，有五個人一直在打擊我們、汙衊我們、投訴我們，這些你們都不知道。」

又是一陣譁然，大家真的都不知道，為了保存敘利亞人的文化和母語，這個「外國人費瑟」是這樣千辛萬苦，費盡心力去奔走。而竟然還有五個「惡人」蓄意在攻擊他，太意外了！

「我們今天被汙衊，造成教育當局對我們的誤會，說我們有問題。」胡光中悲憤地說：「我們在傳教嗎？沒有啊！我們是一個傳『愛』的學校。」「我們是在做好事，會落到如此地步，是誰的責任？」

「你們誰去了教育廳或教育部，說過我們學校的事嗎？」胡光中問。

「沒有！沒有……」

「那就是問題所在了，五個壞人專門講壞話，五萬個好人不講話，那五個人就得勝了。」胡光中說：「中國有句話，『三人成虎』，捏造的壞話講多了，而沒有人出來講公道話，聽的人就會信以為真。」

「那我們該怎麼辦？」大家急著說。

胡光中說：「我也不知道該怎麼辦？學校大概就是被關掉了，我很難過……」說完他就到後面坐下來，主麻繼續和大家講話。

很多人都圍過來安慰胡光中。這時開始有人站出來說：「我們也要發出聲音……」

「對對對！我們也要去講出來，我們的學校是最好的。」群情激憤到了頂端了。

主麻叫大家冷靜，再一一聽取意見。最後決定寫陳情書，大家一一簽名支持。

第二天發放購物卡現場，胡光中和主麻再一次跟大家宣布學校即將關閉的噩耗。

胡光中流淚說：「你們的孩子來滿納海讀書，付過一毛錢嗎？所有的費用都是臺灣慈濟基金會支付的，是全球慈濟人一點一滴的愛心支付的。我們騙了誰？」

這時已經開始聯名了，不只是簽上名字而已，還要附上身分證號碼、手機號碼，以示負責。

聯名開始，又有人在網路上放話，叫大家把孩子帶走，因為滿納海已經被撤銷了、關閉了。又叫大家不要上當去參加聯名，做「反抗政府的事」。

這時候，胡光中已經忍無可忍，他拍了一段影片，沙啞地說：「所有的指控都是子虛烏有」，又警告：「這些惡毒的消息是誰製造出來的，我會去追查，等事情水落石出，被陷害的事件平反，我不會對你們善罷干休……」

「我最後說的話是嚇嚇他們，他讓我們不好過，我也讓他們提心吊膽。」

胡光中說：「聯名陳情的人非常踴躍，四天之內就簽了一萬八千多人。」

胡光中叫人去買文書夾，最大的，裝進去一萬五千份就裝不下了。他準備「上訪」總統，為了敘利亞難民學童，這個「臺灣人」要豁出去了。中華民國駐安卡拉代表鄭泰祥，陪同兩位國會議員來看他，胡光中沙啞著嗓子，和主麻一起跟他們說明跟溝通。

所謂「三人成虎」、「眾口鑠金」，事實被故意扭曲、誣陷，沒有加以說明或制止，就會混淆是非，甚至積非成是。

胡光中說他心知肚明，有五個人一直在跟他作對，扯後腿。

「其中有不肖的官員，一直想索賄，我們當然不能給，也不會給。」胡光中痛心地表示：「有幾個原是跟我們一起打拚的志工，但是他們的觀念，是志工就要有特權，甚至超出規矩之外的特權，我們當然也不會同意。」

他們幾個人結合起來，不時在網路上放話，胡光中都不予理會。這次會告到教育當局相信，是因為他們拿出「證據」，學生抽菸、打架的照片。

胡光中無奈地說：「這都不是滿納海的學生，真是冤枉！」

原因是這樣的：

二〇一八年八月份，利比亞國際學校跟胡光中商借滿納海教室，給他們學生當考場。

「那些學生都是利比亞、伊拉克、約旦的富二代，有錢人家的子弟。」胡光中說：「很多都掛個名，根本沒來讀書，特別是約旦的學生。」

三百多個學生來了，胡光中到學校一看，嬉嬉鬧鬧一片，到處都是煙味。

「歡迎你們來滿納海！但是我們學校是不准抽菸的。」胡光中說：「你們來是客人，請尊重我們做主人的……」

話還沒說完，從二樓丟下來一根菸蒂，就丟在胡光中頭上，學生看了，都輕挑地哈哈大笑。

「叫你們不准抽菸……」又是一根菸蒂丟在胡光中頭上，學生嬉鬧得更厲害。

胡光中氣急了，向樓上吼：「你給我下來……」

第三根菸蒂下來，樓上樓下學生大笑不止。胡光中大踏步上樓去，一眼就看出那個扔菸蒂的少年：「就是你——」

「我怎樣？我抽菸干你屁事？」少年一副踐樣子：「你是誰呀？你以為你是誰呀？」

「好！現在你不准出去。」胡光中大吼。

「你想怎樣？」少年桀驁不馴的樣子，其他學生也起鬨起來。

胡光中撥了電話，不到幾分鐘，來了兩個警察，把抽菸的少年雙手拷起來，抓上警車。

「為什麼？他犯了什麼罪？」學生惡狠狠地圍住胡光中。

「你們不必跟我講——」

「我們付錢，你把他放出來。」

「對不起，這不是錢可以解決的。」胡光中說：「要比錢，我比你們誰都有錢。」

這時候，學生七嘴八舌，好像要大鬧起來。胡光中說：「再鬧，我立刻叫十五個警察來，把你們統統抓起來，相不相信？」

「不要！不要！」學生怕了。有人出來說：「那他道歉可以嗎？」

胡光中說：「道歉可以，要在大家面前道歉。」

大夥兒到樓下，胡光中問那少年：「你要道歉？還是要到警局？」

「我要道歉！」那少年說：「對不起，我沒有尊重你們。」

事情就這樣了了嗎？沒有，更「大條」的就在第二天——

「他們叫來一群流氓，要來找麻煩。」胡光中說：「我一看苗頭不對，立刻請警察局派人過來，把他們全部抓走。」

胡光中跟學生說：「那個帶頭的流氓，被抓去驗血驗尿，現在已經被遣送出境了。這裏是一個很好的學校，跟你們不一樣，不可以亂來。」

學生好奇問胡光中：「你是誰？為什麼你可以叫警察來？」

胡光中說：「如果你們再亂來，我也可以請鎮暴車來，相不相信？」

學生在胡光中面前，是一副戰戰兢兢的樣子；但是積習難改，背地裏仍然是抽菸、打架，搞到上了媒體的頭版頭條。

因為有心人想要惡搞滿納海，苦於抓不到機會，現在有利比亞國際學校借場地，有那些紈褲子弟的惡行惡狀，正是大好機會。除了跑到對面頂樓對準學生拍照外，還通知媒體來，大作新聞。

負責滿納海校門口的工友，是個庫德族的老爹，他跟胡光中說：「比起利比亞國際學校的學生，我們滿納海的孩子每個都是天使。」

「他們惡劣到逼老師要給答案，不給答案就要打老師，給老師好看。」胡光中說：「最後一天，他們的傳統慶祝方式是，打群架。」

最後一天，胡光中通知警方，派了祕密警察帶槍坐鎮。學生眼睛真亮，乖乖地離開學校，不敢「慶祝」。

一個月的出借場地，終於平安落幕；但也被拍到許多「精彩畫面」，讓人舉證歷歷，投訴到教育部，落到不可收拾的局面。

巨大的壓力和衝擊，讓胡光中突然「失語」，他發不出聲音，說不出話來。

他去看醫師，醫師檢查了半天，說他聲帶沒問題，也沒有腦部病變，為什麼會突然不能講話？

「是不是心理因素？」醫師懷疑。

事後他說：「那一個月，我是『有苦難言』、『悲極無言』。」他相信是「痛心疾首」，讓他突然變成「啞巴」。

主麻安慰鼓勵他說：「《古蘭經》聖訓教導我們，當人行正道時，誰不高興？魔鬼不高興，所以他會障礙、會破壞、會攻擊，會扯後腿。所以我們在做好事，就會碰到困難、挫折，那就不要做了嗎？」

「不是的！我們更應該要鼓起勇氣，攜手並進，真主阿拉會看見我們的勇氣，他會嘉許我們。」

胡笙教長說：「只要你是天仙，閒言閒語就不會斷掉。對那些說閒言閒語的人，你也不可能去剪掉他們的舌頭，最好的辦法就是不理會他。」

「只有結了果實的樹，才會被丟石頭；當你被丟石頭時，就是因為你結了果實。」胡笙教長說：「如果這棵樹沒有人對它丟石頭，就是它根本沒結果實嘛！」

最後他說：「有一匹受傷的馬，掉到山谷下。人們不斷地往下扔石頭，想把牠砸死。一堆石頭扔下去，馬反而站在石頭上。扔愈多，牠站愈高。最後馬終於脫離山谷，平安回歸地面來。」

胡笙教長說：「有人攻擊，不要害怕。那些攻擊會使你的力量和智慧，愈來愈高。」

胡光中很感恩好朋友給他的鼓勵和支持。那段時間正好是暑假期間，九月十八日，土耳其學校開學了，滿納海學校慢一個星期開學，也通知學生來學校，做課業複習。

「那段時間，真的很亂，人心惶惶。有的家長就把孩子帶到土耳其學校去。」周如意說。

除了高年級學生，為了升學，照常到校「補習」之外，其他的年級都繼續「放假」。

九月二十日，胡光中和余自成返臺。

在這之前，兩位土耳其國會議員要到臺灣訪問，他們邀胡光中同行。考量他們有外交部的行程，胡光中有事一時也走不開，所以慢了兩天才來，正好趕上議員的空檔，胡光中和余自成輕輕鬆鬆陪他們到北海岸繞一圈。兩位議員感念胡光中等為敘利亞難民所做的努力，答應盡力幫忙。

議員回去土耳其後，十月三日，美國教育認證機構副總裁凱姆伉儷接著也來臺灣，胡光中陪他們到花蓮，跟證嚴法師見面。

二〇一八年十月四日，凱姆和教育志業執行長蔡炳坤見面，慈濟網站有如下紀錄：

美國教育認證機構是具有一百二十五年歷史的教育認證權威機構，也是全球最大的非營利教育專業認證組織，專注於教育系統及課程、教育項目診斷與評估、提升及認證工作，涵蓋了K-12教育、職業教育、網絡學校、STEM學校、數碼學校等，確保所有的學習者都能夠在不同的學校學習中獲得優質教育，充分發揮潛能。

這天也是慈濟志策會開會時間，凱姆在會中對各志業執行長及高階主管，發表他的感言：

慈濟的接待，各方面跟碰到的每一位，都讓太太跟我感動，我們也要感謝趙院長在他的報告中提到我們。

今天早上到慈濟大學參訪，看到印順法師對教育的看法，他強調教育的初衷是單純的，我們需要照顧到每一位學生的需求，要跟上此時此地。他的看法是將近一世紀之前提出的，他以身作則，到今日仍然絕對適用。

世界改變如此劇烈，一位偉大的學者巴克敏斯特•富勒（Richard Buckminster Fuller）告訴我們，在上個世紀，人類知識的總量約每一百年成長一倍，但是隨著科技發展，一切事物開始改變更多。

二次世界大戰之後，知識每二十五年加倍。接著，科技知識每十八個月加倍，奈米科技是每兩年一倍。現在，人類知識的總量約每十三個月快速成長一倍。IBM預測，在物聯網時代，人類知識的總量將會約每十二個小時成長一倍。

我們面對的挑戰是如何應用現在可以收取這麼多訊息的科技，交到我們的孩子手上，讓他們即時運用。

美國教育認證機構是世界領先的教育機構，認證的學校分布在將近八十個國家，我們實踐承諾，面對現今挑戰，你們贊助胡光中在伊斯坦堡的付出讓我們感動，我們堅定護持。

我們將會繼續合作，支持你們的教育課程，僅代表我們機構的主管馬克•埃爾加特（Mark Elgart）博士、安妮特•博林（Annette Bohling）博士，讚歎你們機構的善行。

也代表我太太，我們打從心底讚歎你們。我們生活在這個黑暗、充滿暴力的世界，你們分享的愛與慈悲照亮、振奮這個世界。

謹此讚歎每一位投入醫療志業的人，因為我們的信仰中有句名言，救人一命等於救全人類，慈濟基金會已經救無數人的性命，在此珍貴的一刻，我們要感恩你們。

胡光中說，慈濟安排他們住國際寮房，夫人發現房裏有小蟲飛進來，凱姆小心翼翼地捧在手心，拿到房外放生說：「我知道，佛教徒是不殺生的。」

「我跟上人說，美國學校的認證已經拿到了，現在正在申請土耳其的同等學歷認證。」胡光中還是沙啞的聲音，證嚴法師以為他生病了，還要他去看醫師。

「這時候，我正好收到滿納海老師拍的一小段影片，也呈給上人看。」胡光中說：「上人才知道我們碰到麻煩了。」

影片是一個可愛的小女孩阿絲瑪，她一邊哭著，一邊揉眼睛說：「媽媽替我到土耳其學校註冊，我不想去，因為我聽不懂他們的話。」

老師問她：「你想留在這裏是嗎？」

「我喜歡滿納海，我愛這裏的老師和同學。」小女孩哭著說：「我不要離開這裏，讓我留在滿納海，我不要去土耳其學校……」

證嚴法師說：「好漂亮的孩子，好漂亮的眼睛，她不能讀滿納海？要去土耳其學校嗎？」

胡光中說：「有一點問題，我們正在努力。」

「如果問題解決，她能再回來讀嗎？」

「可以！」

「那就好！哭成那樣，好令人心疼！」證嚴法師不捨地說。

胡光中雖然心力交瘁，在法師面前，還是表現得信心滿滿，因為他不想增加法師的煩惱。

「每天每天，我都跟兩位議員密切聯絡。他們也很幫忙，去找教育廳、找省長、副省長，提出證據，說服他們。」消息愈來愈正面，胡光中也逐漸安心下來。

二〇一八年十月三日，確定沒有問題了，胡光中請主麻擬了一份聲明，請大愛臺楊景卉和鄧志銘掌鏡，在胡光中二姊的店裏，錄了一段三分鐘的影片，向大家報告好消息：我們的學校通過了、我們的基金會也通過了！

十月十日，通過的公文正式送達，影片也立即發布。

十月十五日，阿里副省長和公子哈肯專程來臺，報告兩個好消息：哈肯報告滿納海學校通過無礙了；阿里報告土耳其的慈濟基金會也成立了。

成立慈濟基金會的構想，始於二〇一六年，因為慈濟在土耳其已經將慈善、醫療、教育、人文四大志業落實了，需要一個正式的基金會來運作。

特別是牽涉到要購買土地或承租土地來蓋學校，不能以個人名義申請，僅能以公司或基金會名義，但是公司不能募款，還是基金會更洽當些。

阿里當時還是蘇丹加濟市市長，他說成立「協會」的話，他的權限可以做主，大約一個星期就可以完成。

胡光中請示證嚴法師和慈濟副總執行長林碧玉，還是主張成立基金會。基金會申請可能需要一、兩年時間，但是將來服務範圍更大更廣，於是就朝向基金會去申請。

胡光中說：「自從九一一事件之後，土耳其政府只有關閉基金會，沒有新的基金會成立，特別是有外國背景的基金會。」

二〇〇一年九一一恐怖攻擊震撼了全世界，除了緝捕恐怖分子外，也針對其籌資和清洗黑錢進行嚴密的調查。美國政府甚至凍結伊斯蘭慈善機構的財產，認為他們對恐怖分子做掩護。

土耳其周遭有庫德族好戰分子和伊斯蘭國聖戰組織（Islamic Jihad），一向就不平靖。每年幾乎都會有大小的攻擊事件。

胡光中說：「因為恐怖分子常以基金會做掩護，成為籌措資金的管道。所以，基金會申請難上加難。」

二〇一八年九月十四日，慈濟基金會在土耳其成立，這是十六年來，第一個在土耳其新成立的基金會。

早上八點鐘，天才濛濛亮。蘇丹加濟市的冬天，氣溫很低。

經過十二小時的飛行，第二梯次臺灣慈濟關懷團一行三十人，在慈善副總執行長劉效成和領隊潘機利率領下，於二〇一八年十一月二十四日清晨抵達伊斯坦堡阿塔圖爾克機場，出關就直奔滿納海國際學校，參加發放。

兩天的發放，一共是十場，人數雖然多，但是秩序井然，全拜科技之賜。這也讓來自臺灣的志工歎為觀止。

十一月二十六日，上午八點多，是滿納海國際學校揭牌和開學典禮。一樓牆面上，大大的「ELMENAHIL」閃著金色光芒，上頭還有碩大的玫瑰紙花，那是美術老師的傑作。慈濟旗和校旗中間，矗立著一顆許願樹，已經掛上許多感恩、希望的漂亮卡片。

學校大樓外，前一天老師、學生架上高梯，把牆壁和鐵捲門徹底刷洗得乾乾淨淨。「滿納海國際小學」、「滿納海國際初中」、「滿納海國際高中」的校名牌子也在寒風刺骨中掛了上去。

所有人的心是興奮的、火熱的、喜悅的。周如意望著校名的牌子，忍不住失控地哭了起來，一路走來，其中的酸甜苦辣，不是用言語可以形容。

終於等到這天了！二〇一八年十一月二十六日，配合臺灣關懷團蒞臨，學校舉行揭牌和開學典禮，到處顯得喜氣洋洋。

十點鐘，開學典禮開始，學生陸續進入會場，男生在樓下、女生在樓上。貴賓雲集，給學校祝福，給孩子們打氣。

校長主麻首先帶領禱告祈福，並且感恩說：「歷經波折終於取得證照，感恩證嚴上人和阿里副省長，一直關心我們。」

阿里副省長說：「就算現在我的腳底下發生地震，我也不反悔我的決定，我支持你們到底。」

胡光中說到證照取得的千辛萬苦，情緒激動，幾乎不能言語。但是一切都過去了，值得欣慰。

孩子們穿上漂亮的衣服上臺表演，送給志工每人一支彩色紙做的花，和熱情的擁抱。其中六歲的奈思琳朗誦了一段詩歌，獲得滿堂彩。詩歌是欽姐老師寫的：

滿納海今天誕生了
太陽的光芒照耀著我們的滿納海
為關懷它，而為它點綴了希望
安拉讓學校大樓充滿了愛
呀！明日之星呀！用我們的手洗淨黑暗
我們將建立它、關懷它

「揭牌！」罩在校名牌上的紅紗緩緩被拉下來，現場響起熱烈的掌聲，從此刻開始，滿納海國際學校成立了，所有滿納海畢業的學生，拿著文憑可以到任何國家任何學校參加考試，或申請入學而無礙。

九年級的布喜拉和母親共同創作了一幅鉛筆畫，送給慈濟。畫中一位病人正接受天使的治療。她說：「病人是受苦受難的敘利亞人；戴著聽診器的、長著翅膀的天使是慈濟人。」

這幅畫像極了「佛陀問病圖」，問她看過相關的繪畫嗎？她搖搖頭說：「沒有。」

「一隻手，伸出苦海求救；另一隻手握住它，把它救拔起來。」這一幅畫是九年級的德思寧的創作。

「洶湧的苦海是戰爭，求救的手是敘利亞，強而有力、慈悲的手是慈濟。」十五歲的德思寧說：「慈濟人像母親，用奶水和血肉餵養孩子；我也要學習慈濟，長大後做一個幫助別人的人。」

午餐過後，在三樓中庭已經陳列了桌子、椅子，架設好投影機等器材。這些是年輕志工湯仁淳、慈濟公傳處張庭涵和宗教處陳秀玲等，搭配敘利亞志工共同完成，準備和臺灣的證嚴法師連線用的。

「上人好！」

證嚴法師行腳在臺北新店慈濟靜思堂，拜科技之賜，相隔八千公里，如處一室。滿納海假日班的小朋友躬逢其盛，參與連線。一首〈孩子們像月亮一樣〉，面對直播，傳遞感恩的歌聲到臺灣。

敘利亞志工歡喜見到法師，阿里副省長首先代表感恩法師的慈悲；法師也期待透過慈濟人的愛與關懷，希望有朝一日，戰爭平息，重回故里，把大愛精神也同時帶回去。

連線之後，最終曲是〈一家人〉，團員以手語帶動，胡光中連著兩天發放，說話不停，此刻已經聲音沙啞，但他還是握著麥克風，一一翻譯歌詞的意思。

孩子們則回應〈小雞之歌〉，主麻和臺灣團員立刻化身可愛的小雞，又唱又跳，歡樂一堂。

下午時分，志工帶著禮物，走訪一間間教室，將潔牙組、鉛筆盒一一分送，還有臺灣特產伴手禮鳳梨酥。

主麻激動地說，幾個月前他以為滿納海學校已經不可能再存在了！

「我要把我的靈魂與生命奉獻給滿納海學校，因為這間學校代表的意義是重生。」

慈濟基金會副執行長劉效成，專程前往獻上祝福：「每個孩子都是敘利亞未來的希望，也是世界的希望！感恩所有幫助過這所學校的人，因為愛，把土耳其人、敘利亞人、臺灣人融合在一起；也因為信任，我們彼此幫助、相互照顧。」

「我們無法幫助到所有的敘利亞鄉親，但我相信在小朋友心中種下愛的種子，有一天他們回到敘利亞，或在世界任何地方，都能幫助有需要的人。」胡光中說，這所學校對敘利亞鄉親不只是教育機構，而且是學習原諒與愛的療癒園地，也提供敘利亞教育工作者傳授知識，守護敘利亞文化的根。

「他們在困窘的生活裏，還要捐出善款，幫助敘利亞的同胞。」胡光中說：「臺南大地震、尼伯特颱風、花蓮地震，他們都在第一時間站出來。」

星期六，滿納海國際學校一大早就陸續有學生來上課。一般學校，週六和週日都是放假，靜悄悄的；但是滿納海的假日，卻是敘利亞人求學的珍貴日子。

「假日班」是為就讀土耳其學校的敘利亞孩子開的，還有為高三學生開的「考大學加強班」，以及專為成人開辦的「掃盲班」。

敘利亞小朋友就讀滿納海約有兩、三千人，因名額有限，有的小孩必須就讀土耳其學校。語言不通，他們學習有困難，加上土耳其學校沒有敘利亞的課程，所以就開辦了「假日班」，讓就讀土耳其學校的孩子來上課。

他們主要上《古蘭經》和敘利亞語言、文化；也加補上耳其語文，希望他們在學校能聽懂、看懂。

那天，我們看到低年級的孩子在中庭，由老師帶著上唱遊，應該是敘利亞兒歌。每個小小的「洋娃娃」都好可愛，又唱又跳，萌到極點。

胡光中和主麻也跟著他們跳，有趣極了。小朋友爭著和他們握手，胡光中每握一隻小手，就裝出被「電到」或「燙到」的動作和表情，惹得小朋友哈哈大笑。

土耳其籍的老師為他們補課，敘利亞籍的老師為他們上《古蘭經》和母國語文，將來這些孩子將成為「雙語」人才，非常優勢。

而滿納海的學生也有土耳其語文的課程，加上周遭都是土耳其人，將來也會是「雙語」的人才。戰亂帶給他們無比的痛苦和威脅，但反而促成孩子學習「雙語」的機會，不也是因禍得福嗎？

高三的學生明年三月就要考土耳其的大學了，據聞很難考，加上他們又是外國人，可說是難上加難，滿納海學校就為他們開辦「加強補習班」。

男女生分班上課是此地的特色，男生好像五、六位，女生有十幾位。每個少女都包頭巾，白皙的臉蛋和立體的五官，個個都是大美女。

胡光中問她們想讀什麼專業科系，將來想成為怎樣的人？

很多人都想當藥劑師或醫師，有一位還特別說想當心臟外科醫師，其他有人的志願是工程師、記者、英文老師、心理學家……

「我將來想當法官！」一個漂亮女孩說，博得一陣熱烈掌聲。

我告訴她們：臺灣慈濟大學有碩、博士班，歡迎她們來臺灣深造。

她們有的是「死裏逃生」過來的，特別珍惜讀書的機會，所以她們都很拚。祝福她們都能考上理想的學校，慈濟會繼續支持她們。

「掃盲班」！這個班很特殊，每個學生都是「爸爸媽媽級」或「爺爺奶奶級」的。他們有的是文盲，敘利亞文要從頭學起。還有就是教土耳其語文，讓他們在土耳其生活可以和當地人溝通。

為因應他們的家庭和工作，掃盲班分成上午班和下午班，而且男女分班。我們進去一個班打招呼，知道最年長的奶奶已經六十五歲了。這個班級全部來自阿勒坡，也就是敘利亞第二大城，兩軍交火最嚴重的地方，很多人的家都被炸毀了。就算沒被炸掉，家裏的東西也都被偷光光了。

利用下課二十分鐘時間，請他們分享家庭狀況和逃難經過，大家搶著發言，回應特別踴躍。

帶著五個孩子逃難的芭旦說，跟著人蛇集團走，人群擁擠，路旁都有地雷，可說是步步驚魂。

夜裏走在山路上，突然發現孩子不見了，那是四個月的嬰兒，夫妻倆急死了。山路崎嶇，漆黑一片，到哪兒去找孩子？「我先生用手機的燈光沿路回頭找，他向真主阿拉說，如果找到孩子，就要宰……」

看她笑著說不出話來，胡光中問她：「宰什麼呀？」

「宰一頭羊答謝。」芭旦說：「後來果真找到了，原來孩子掉到一個洞裏面。」

他們翻山越嶺，走了九天才抵達土耳其邊界。

二十九歲的珠曼娜也有五個孩子，只不過逃難時，老五還在肚子裏。下雪天，他們走了四天四夜，也是翻山越嶺。人蛇叫他們不可以走岔路，因為處處埋有地雷。而且不能慢，因為後面有伊斯蘭國在追殺。

有一次，他們平安經過一個大石頭，突然聽到後面「砰」的一聲！地雷爆炸了，許多人受傷，有一個人腿被炸斷了，血肉模糊，恐怖極了。

他們逃到邊境，土耳其士兵發現，先賞他先生兩巴掌，吼道：「你們是恐怖分子，滾回去！」

他們沒辦法，只好往回走。一邊是伊斯蘭國追殺，一邊是惡狠狠的土耳其士兵。又冷又餓，幸好天無絕人之路，在人蛇的幫助下，終於偷渡進入土耳其。展開另一段雖平安，卻仍是艱困的新生活。

最年長的阿密納拿桑，和先生、女兒，以及才出生七天的外孫一起逃難。後有伊斯蘭國的追殺、加上跋涉和沿途露宿，甫生產的女兒和七天的嬰兒，實在走不動了，母子就留下來，老夫婦跟著人蛇往前走。

把虛弱的女兒和嬰兒拋棄，老父母一定痛徹心扉。幸好過了一星期，女兒和小外孫也趕上來了，大小平安，感謝真主阿拉！

這一班中，有一個年輕的美女，她說今年二十五歲，已經結婚十年了，沒有小孩。也是在戰火和伊斯蘭國的威脅下逃出來的。

她們說：因為是慈濟的學校，否則她們的小孩和女眷，是不敢隨便去上課或學習的。慈濟讓他們安心、信賴。

滿納海學校，除了正常一年級到十二年級（小學、初中、高中）之外，還在假日的時候，提供各種需求的課程。這裏的慈濟志工個個分秒不空過，連建築物都充分利用，也是「分秒不空過」。

篇五　遷徙者健康中心

二〇一六年三月七日，土耳其蘇丹加濟市的慈濟義診中心開幕啟用了！

胡光中曾說：「我們走的道路，跟上人在臺灣的慈濟路很像。很多人生活陷入困境，都是因為『病』。」

顛沛流離的敘利亞難民，離開故國，一無所有，生活本就艱難；如果再有個病痛，那更是雪上加霜，難上加難。

從二〇一四年十月開始慈善發放之後，發現需要幫助的人並沒有減少，反而增加，那是因為難民愈來愈多；到二〇一五年半公立的滿納海中小學成立，慈濟志工天天駐守，難民也知道有困難就去學校向慈濟人求助。

「雖然土耳其政府對敘利亞難民提供公立醫療免費，但是沒有難民身分的，就無法就醫。」胡光中說：「就算有難民身分，去土耳其醫院免費，礙於語言不通，也是困難重重。」

很多敘利亞難民不斷向胡光中和主麻請求：是否可以成立一個小的醫療

單位，因為去土耳其醫院，語言溝通不良，醫師難以找出病因對症下藥；若到敘利亞人開設的私人診所看病，費用又昂貴。

其實二〇一五年滿納海學校成立之後，胡光中和主麻就商量著，要物色醫師，為老師和學生提供醫療服務。有個學生家長是醫師，他就是來自阿勒坡的卡薩（Abdul Jawad Kasa）。

卡薩在阿勒坡是很有名的家醫科醫師，但是落難到土耳其，生活很困難。卡薩醫師在家也替鄉親看病，但是收入仍然很微薄；兩個大學生兒子都必須到工廠打黑工，才能勉強維持家計。

「我們本來想請卡薩醫師當我們的駐校校醫。」胡光中說：「後來有一位心臟科醫師，他說他有一個醫療團隊，於是我們就興起了成立『義診中心』的念頭。」

胡光中很興奮，呈報了臺灣花蓮本會。後來那個來領慈濟救濟金，自稱心臟科醫師的人不見了，「醫療團隊」也成了泡影。

「原來他是個冒牌醫師。」胡光中說：「但是成立一個以阿拉伯語為主的慈濟義診中心，是我們當前一個很大的心願。」

二〇一五年十月，臺灣關懷團到來，在返回臺灣的前一天，胡光中夫婦、余自成和宗教處的專員邱國氣、陳瑩芝，以及關懷團黃秋良、吳啟明等，一起去拜訪蘇丹加濟市市長阿里，提出成立義診中心的構想。

在慈濟人醫會擔任志工多年的吳啟明，得知在土耳其看一次牙，大約要臺幣三千元，更是強烈建議成立義診中心，可以讓需要幫助的人得到方便省錢的醫療。

但是當時的阿里市長說：「不必吧！敘利亞難民可以到土耳其公立醫院看病，全部免費啊！」

第二天，臺灣關懷團搭機回臺灣，胡光中送機回來，半夜突然接到阿里的電話：「我現在在醫院，吐血了，醫師說我非常危險。請求你們替我祈禱，也請滿納海師生替我祈禱，真主阿拉會接受你們的祈禱的。」

胡光中驚訝但不慌張，立刻知會主麻，也向證嚴法師稟報，並致電臺灣的慈濟志工，一起為阿里市長集氣祈福。

「我去看市長時，他發願說『只要我能健康走出醫院，一定支持你們所做的一切。』」胡光中說：「一個多月後，他真的痊癒出院了。」

阿里市長非常感恩大家為他祈福，出院之後，就積極幫忙找房子，要幫慈濟成立義診中心；胡光中和主麻、卡薩則討論尋找醫師人選。

「市長找到距市政府很近的一個房子，是他朋友的，用很便宜的租金出租給我們。」胡光中說：「但是那房子很老舊，必須大大地整修。」

二月底，例行發放時，如同往常，《古蘭經》念誦、竹筒愛心募款、購物卡發放。慈濟志工除了正式向敘利亞鄉親宣布義診中心即將啟用之外，也為中文班招生。

周如意非常興奮，因為這是她很大的心願，一直想開的課，為願意學中文的孩子開啟一條道路。經過長久的努力及等待後，終於可以在會所開班，並且將是會所的第一個活動。

慈濟義診中心位在蘇丹加濟市的UCAD路，和二四九〇路的交叉口。胡光中說，這個地區原本是又髒又舊又亂，承租的樓房也像是年久失修的危樓。經過四個月的整修，好像「拉皮」一樣，光潔亮麗；附近路面也由市府鋪過，整個煥然一新。

醫師的人選，在主麻、胡光中和卡薩積極物色下，影像專家薛海勒醫師、牙科費瑟醫師率先加入，然後根據他們的人脈，又找到不同科別的優秀醫師加入陣容。

在整修房子同時，阿里市長的公子——實習律師哈肯也是一個不可或缺的得力幫手，層層關卡的公文，繁複的手續，他都日夜勤跑，使命必達。

胡光中和志工百忙中，還要採購醫療器材。當陪同費瑟去買牙醫器材時，才知道貴得嚇人。

「光是拔牙的鉗子就有好幾種，全都是鋼製的，價格很高。全套買下來要兩千多美金，我們錢不夠啊！」本來預計買兩套的，胡光中礙於經費問題，最後忍痛先買一套，以後有錢再慢慢添購。

費瑟是敘利亞伯魯省人，有三十年牙醫經驗，曾自己開診所。戰爭時，很多親人都在炮火中罹難。

他來慈濟是第一次受雇於人，為鄉親服務，工時很長很累，但他做得很快樂。他說在土耳其，私人牙醫很貴；公立醫院要預約，電腦一開放預約立刻秒殺，掛上號，可能要等二十五天才能看到醫師。

慈濟預約大概三天可排到，也開放現場掛號，所以每天早上六點多，就有人來排隊。

小而美的義診中心一樓是掛號、候診及診間；二樓是候診及診間，兩層樓一共有八個診間；原來積水髒亂的地下室，經過整理之後，成為慈濟在土耳其的會所。

二〇一六年三月一日，慈濟義診中心開始試營運；三月五日，中華民國駐安卡拉代表鄭泰祥和阿里市長來訪，對慈濟在伊斯坦堡成立義診中心，嘉惠敘利亞難民讚許不已。

二〇一六年三月七日，慈濟義診中心開幕啟業了！因是非假日，所以低調進行。臺灣本會沒有派員參加，卻來了一位意外的貴賓，就是路過伊斯坦堡的臺灣安侯建業主席余紀隆，還有就是在土耳其的臺商朋友，以及土耳其友人和敘利亞志工。

慈濟義診中心一開幕，立刻一傳十、十傳百，敘利亞難民都知道有個醫院看病免費，而且都是敘利亞醫師，說的是阿拉伯語。很快的，來看病的人就愈來愈多。

「這裏看病免費？」有一個人不敢置信，問胡光中。

胡光中答：「是的！免費。」

「不用錢？免費？」不相信再問一次。

「是的！免費。」

「真的不用錢？免費？」第三次再問。

「是的！免費。」胡光中覺得好笑，但他還是再次回答，斬釘截鐵的。

剛開始，所有的掛號、病歷都用手寫，紙本紀錄，大約一年以後，已經不堪負荷。有科技公司來招攬生意，設計電腦系統，用先進的科技來管理。科技公司開價六千美金，志工巴塞爾拉拉胡光中的衣角說：「別聽他們的，我來做。」

巴塞爾已經完成慈善發放系統的程式設計，現在又發心為醫療研發，胡光中非常嘉許這個年輕人。果然不到二十天，巴塞爾一個人埋頭苦幹，把掛號系統、叫號系統、病歷系統全部完成，讓義診中心運作更為順暢和方便。

主麻和胡光中給他應有的加班費，巴塞爾笑笑收下，旋即說：「我要捐出來。」

開幕第一個月，有一千六百四十七人來就診；四月三千六百二十人；五月六千九百二十二人……人數以驚人的倍數成長。

看到數據，胡光中嚇了一跳，但深入了解後，發現原來有大半的人是心理因素引起的毛病。

「他們離鄉背井，有家歸不得。寄人籬下，心情鬱悶可想而知。」胡光中說：「在這裏聽到的都是熟悉的語言，看病的醫師都是敘利亞鄉親，心理得到慰藉。到義診中心來，病都好了一大半了。」

有人來看醫師，主訴這裏痛、那裏痛，醫師檢查半天，沒有毛病啊！原來是思鄉情切，情緒影響，醫師鼓勵他們，多去走走，運動晒太陽，正向思考，放寬心，再開個「安慰劑」，病人就笑顏逐開回家去了。

小兒科醫師穆罕默德阿布都拉，原是敘利亞紅新月會主任，也是阿勒坡孤兒中心負責人。

他有自己的醫院，豪宅像「城堡」一般，但是刀兵一起，所有的財產化為烏有，這正是佛教說的財產是「五家共有」。

阿布都拉保住一條命逃到土耳其，他的頭銜只剩一個，叫做「難民」。當他知道義診中心在招聘醫師時，迫不及待去找主麻，將履歷交給他，還再三叮嚀：「你不要忘了我哦！」那是放下尊嚴的請求，言下有著多少心酸和委屈。

阿布都拉在義診中心還巧遇了他以前的病人，二十六歲的阿曼帶著他五個月大的兒子來看病，他鄉遇故知，兩人相擁流淚。

阿曼立刻打電話給在敘利亞的父親說：「我在伊斯坦堡遇見阿布都拉醫師了！」

阿曼五歲就是阿布都拉的小病人，而現在已經為人父了。他那五個月大的寶貝躺在診療床上，哇哇大哭，阿布都拉笑說：「這小傢伙跟他爸爸一樣，阿曼小時候也很愛哭。」

看好了病，娃娃破涕為笑了。阿布都拉把孩子舉得高高的，說：「快快健康長大，我們一起回敘利亞去。」

現在阿布都拉已經取得土耳其籍，也被調任到土耳其醫院去。但是他每個星期五，都會到滿納海國際學校大禮堂參加聚禮，順便跟老朋友敘敘舊。週六、週日還是回到慈濟義診中心為鄉親服務。

他有一個兒子是牙醫，也是慈濟義診中心的醫師。

義診中心主任薛海勒是影像醫學專家，他的家鄉在敘利亞東部的底勒足（Der Elzor），距離伊拉克九十公里，到大馬士革卻有四百五十公里，他說：「我的故鄉是一個非常美麗的地方。」

薛海勒在敘利亞擁有三家醫院，也有幾處房產像「宮殿」一般豪華。內戰後，他曾在伊斯蘭國控制區生活了兩年，逃難時是「套了件褲子就跑出來」。

「他偷渡兩次，第一次付的錢少，到了邊境就被軍隊抓起來，送回去。」胡光中說：「第二次付的錢多一點，才成功偷渡過來。」

來到土耳其，薛海勒除了當醫師，別無專長。於是為了打發時間以及生活，他就開了一家小小的雜貨店。

胡光中說：「以前拿醫療儀器的手，變成切起司的手。」外行人做生意，怎麼做就是賺不到錢，但是他還是持續經營，因為他說：「最起碼有個事情做，不會胡思亂想。」

慈濟義診中心需要醫師，市中心的醫師推薦薛海勒，薛海勒又找了小兒科、牙科和眼科醫師來。

為了需要，義診中心設置了檢驗室，添購了儀器，可供超音波檢查，也可以驗血、驗尿。

在眾人努力經營下，小小的義診中心開了家醫科、小兒科、牙科、眼科、婦產科、骨科、耳鼻喉科、外科八個科別。麻雀雖小，五臟俱全，儼然是一個小小的綜合醫院。

「這裏充斥著許多假醫師，有的人為了賺錢不擇手段。」薛海勒說：「曾經有一個孕婦來求診，說有一個醫院說她胎死腹中，必須開刀，她不相信，跑來再次檢查確認。」

經過義診中心婦產科和影像檢查，胎兒健健康康，完全正常。薛海勒很感慨：「那是一條生命啊！」

懷孕的婦女去土耳其醫院做產檢，一次要一百里拉，在義診中心則是免費。但是，義診中心不能接生。

曾經有一位婦女來哭訴，當她生完第三胎時，醫師把她的子宮切除，然後逼她先生簽字。

也有產婦去土耳其醫院生產後，被揍了一頓，還被罵：「幹嘛來我們國家生孩子。」

薛海勒聽了，氣憤非常，一狀告到相關主管機關去。

在土耳其，採醫藥分離，醫師看了病，開了處方，病人要到藥房拿藥。公立藥房免費，私人藥局就要付費。

衛生局給慈濟義診中心方便，經過簡單換單作業，處方視同正規醫院開立，可以到公立藥房免費拿藥。

可是公立藥房不是到處都有，對有些住得偏遠的人，還是不方便。薛海勒感恩地說：「有些藥房會捐一些常用的藥品給我們，雖然不多，可是老弱婦孺就不必再專程跑遠去買藥。」

「這裏除了大部分的敘利亞難民之外，還有阿富汗、巴勒斯坦、亞塞拜然、伊拉克的難民。」薛海勒說：「現在每個月求診人數在一萬人上下，有百分之三十的人是沒有身分的，有人一身是病，如果沒有義診中心，他們真的就是求醫無門。」

身為義診中心的主任，每天為鄉親及其他國家的難民服務，薛海勒把他鄉變成故鄉了。他說不想談過去，大馬士革的家遭破壞及竊盜。老家如宮殿的房子，也被摧殘。

「以前在敘利亞，去沙漠搭帳棚度假幾天，一兩週後再去，裏面的東西絲毫不少。」他不明白，一場戰爭，人性都扭曲了。

胖胖的卡薩是家醫科醫師，也是最忙碌的醫師，但是他說：「我忙得很快樂。」

回想二〇一三年剛到土耳其時，整整一年，求救無門，租的是潮溼陰暗的地下室，只有十五坪大，卻要擠進夫妻倆和六個孩子。

不得已，兩個大學生兒子必須到鞋子工廠打黑工，所有的孩子都無法上學。他說：「二〇一四年當慈濟發放時，我也是拿著發放卡，排隊領毛毯的人之一。」

在家鄉阿勒坡，卡薩有自己的醫院，九十坪的豪宅，最昂貴的車子，還有一個農莊。他說：「我每天開車去醫院，看個二、三十個病人，回來口袋都是錢，花都花不完。」

二〇一三年開齋節那天，一家人去看母親，中午一起吃開齋飯。離開時，發現開戰了，家回不去了。就這樣什麼也沒帶，輾轉偷渡到土耳其來。

「不想談過去，我會哭。」卡薩說：「我感恩慈濟，讓我重披白袍，找回當醫師的尊嚴。能為鄉親服務，是真主給我的恩賜。」

如今大兒子在德國，二兒子在義診中心擔任轉介預約工作，三個女兒和小兒子都在滿納海國際學校讀書，慈濟翻轉了他們一家人的命運，現在能夠過著比較正常的生活。

卡薩已拿到土耳其公民身分，被調到阿爾納武特市的市立醫院去，但是週六、週日還是回到義診中心來，他說，要繼續和慈濟保持關係，絕對不會斷掉。

他跟胡光中說：「我要緊緊抓住慈濟，絕不鬆手。若你們不要我，把我踢開，我也要死命抓住你們的腳。」

慈濟義診中心有三不能：一、不能開刀。二、不能接生。三、不能住院。卡薩說：「所以有些較重大的疾病，就必須轉到大的醫院去。」

敘利亞難民來到他鄉異國，人生地不熟，語言又不通，要到大醫院求醫，怎麼掛號？怎麼看診？都是問題。於是「轉介」和「翻譯」服務就迫切需要了。

來自阿勒坡的哈勒夫夫婦，帶著家人逃難到土耳其，曾經落難淪為慈濟照顧戶。

胡光中記得，在阿爾納武特市發放時，有許多不在名單上的人也很需要物資，都等在外面。於是發放就酌情減少，比如原訂給六條的就減下一條。把剩下的毛毯發給外面的人。

「哈勒夫就是其中一位。」胡光中說：「臨走的時候，他進來跟我說：需要幫助的人太多了，我希望你永遠保有這樣的智慧。」

後來聽說哈勒夫把領到的兩條毛毯，轉送給更需要的人。「很早就聽說他樂於助人。」胡光中讚歎道：「特別是敘利亞人去土耳其醫院有困難，他們夫婦就會陪著病人去醫院掛號，協助翻譯。」

因為哈勒夫夫婦是土庫曼族，土耳其語是他們的母語。哈勒夫自稱在阿勒坡是在鞋廠工作的，乍一聽以為他是鞋廠工人。後來他說：「工廠是我的，員工有六十個人。」

義診中心成立之後，因為有「三不能」，所以需要外科手術、生產，或重大疾病住院的人都要到大醫院去。這時候就需要志工去幫忙掛號，並請懂得阿語和土語的人陪伴做翻譯。

志工每個人都有分內的工作，熟悉雙語的人少之又少，為此造成很大的困擾。主麻和胡光中商量，用「以工代賑」方式聘請哈勒夫夫婦擔任專職，協助轉介掛號和翻譯。

他們每天帶病人到不同的醫院，看診完了帶回來，病歷報告也帶回來，輸入電腦。管理非常詳實，一點都不疏漏。

他們甚至三更半夜也要服務，有的孕婦半夜要生產了，翻譯志工就必須陪同到醫院，迎接新生命的到來。

「我們自己當志工已經三年了，來慈濟也三年多了，總共跑醫院也跑了六年。」哈勒夫先生說：「有的醫院警衛會刁難，經常要趕我們走，我請求慈濟給我做個識別證，表示我是在工作。」

胡光中立刻指示：給他設計一個識別證，方便在各大醫院進出。

二〇一八年十一月，志工在醫院訪問他們。哈勒夫太太難過地說：「我的女兒嫁到車程十五小時的土耳其伊米茲，昨天女兒要生產了，打電話請我去。我跟她說，病人很多，我走不開。」

後來女兒難產，嬰兒夭折了。哈勒夫太太無奈地對女兒說：「我無法去看你，因為這些病人也是我的孩子，他們更需要我。」

每天，哈勒夫夫婦要分頭跑兩、三家醫院，耐心地陪伴病人，仔細地翻譯。病人也把他們當成長輩，一個暖心的依靠。傾訴家破人亡的痛苦時，哈勒夫夫婦也跟他們一起流淚。

「有一個十歲的孩子，母親在戰爭中罹難，父親因糖尿病，腳底下爛了一個大洞，一直都治不好。」哈勒夫說：「叔叔伯伯也是糖尿病，姑姑有心臟病，他們家裏什麼都沒有，連房租也付不起，被房東趕出來。」

哈勒夫夫婦告訴主麻，大家為他們租了房子，還合力替他們搬家。總算這個可憐的家庭，有了棲身之所。

「常常我們跟主麻教授報告個案狀況時，他聽了都會不捨、流淚。」哈勒夫太太說：「我們就一起哭……」

在義診中心地下一樓，是慈濟會所。在那裏隔出一小間辦公室，設了一個轉診預約服務臺。目前的負責人是馬吉德，卡薩的二公子。

自從馬吉德到任之後，要轉診到大醫院的作業就不必到現場掛號，而改成電腦掛號或預約。省時省力，方便又確實。

出身醫師世家的馬吉德，偷渡前在敘利亞讀到大三。來到土耳其，不僅無法繼續學業，還要為了家庭生計，和哥哥到鞋廠打工，賺取一家人的生活費用。

在工廠做了三年，改到藥局工作，因為馬吉德懂得阿拉伯語，所以很多敘利亞人都去找他拿藥，藥局老闆非常看重這個盡責又能幹的年輕人。

二〇一八年五、六月，藥局搬遷到他處，馬吉德失業了。主麻立刻和胡光中商量：要他當轉診預約專職人員，並且開始電腦作業。

「義診中心每天就診大約有三、四百人，需要轉診預約的約十到十五個人。」馬吉德說：「不是很緊急的病，就轉診到公立醫院去慢慢等。像這個人眼睛需要開刀，預約到明年四月，大約要等半年才排得到。」

如果必須緊急就醫的，或是沒有難民身分的病人，就會轉診到私立醫院，由慈濟補助醫療費用。

「我常常在半夜接到電話，就立刻告訴主麻老師，有人需要急診。」馬吉德說：「我和主麻老師就趕快叫車，把病人送去醫院。」

每一個個案都是一篇篇的血淚故事，二十四歲的馬吉德，見苦知福，他表示：「來這裏的人都是來求救的，反觀自己很健康，很幸運，因此常常心生感恩。」

很多人經過治療，健康之後，會專程來道謝。馬吉德說：「我很感恩有機會為他們服務，這些都是我應該做的，他們真的不必謝我。」

「一位四年級的小朋友，有一天突然肚子痛，不知道是什麼原因，他的父母就帶他到義診中心檢查。經超音波掃描之後才知道，他的肝長了一個水泡，很快地就轉介到大醫院處理。」周如意說：「從那次之後，我們每天固定帶三十到五十個滿納海的小朋友，到義診中心來做健康檢查。」

守護健康守護愛，滿納海的小朋友由老師帶著，一班一班來做健檢。學齡兒童來過之後沒多久，義診中心又迎來更多的小小孩，他們多是零到六歲的敘利亞小生命，由父母或祖父母帶來打預防針的。

土耳其政府很重視小朋友打疫苗，最早是用廣播車去大街小巷宣導，呼籲敘利亞家長帶孩子來打預防針，但是效果不彰。後來央請慈濟支援敘利亞志工穿上慈濟背心，挨家挨戶去宣導。

「有的人就是不相信，不肯開門。」因為傳染病不會分國籍，敘利亞小朋友得病，也會傳染給土耳其小朋友，所以土耳其衛生單位很頭痛。

省衛生廳長和市衛生局長來考察，到一戶人家拜訪，勸說小孩要去打針。敲門敲了半小時，屋裏的婦人看見外面是陌生男人，不肯開門。後來打電話請主厤來，不到二十秒，門開了。

眾人驚訝，詢問之下，才知道慈濟關懷他們很多年，已經獲得肯定和信賴了。

慈濟義診中心成立之後，衛生局來商量，請義診中心提供「打疫苗」的服務。因此，每個星期五，就有很多家長帶著娃娃來打針。

只是義診中心空間很小，大家都要在戶外排隊。但是家長甘之如飴說：「來這裏，我們很安心。」

滿納海國際學校成立之後，空間大了，家長帶孩子來打針，有寬敞舒適的場地，還有椅子坐，不必站在室外吹風淋雨晒太陽。

大家在等待的時候，胡光中看到學生下課跑來看弟弟、妹妹，還會叫他們站在椅子上，唱歌、說故事。現場有娃娃打針的哭聲，有哥哥、姊姊的歌聲，有爸爸、媽媽的笑聲和掌聲，洋溢著一個溫馨、快樂的「家」的感覺。

「我們打預防針的成效，是全蘇丹加濟市第一名。」胡光中說：「蘇丹加濟市是全伊斯坦堡第一名；伊斯坦堡又是全國第一名。都是第一名，與有榮焉。」

義診中心成立後，在對街租下一個房子，作為急難救助站；另一個小房間，就是檢驗所和小藥局。地下室是廚房、餐廳，中午供餐給醫護人員和志工；另闢一個小空間，給師傅去磨鏡片。

胡光中說：「自己做眼鏡好便宜，一副大概就是美金四到五元，品質又好，到現在為止，我們已經送出去三千多副了。」

沒想到，慈濟的小小眼鏡供應站，引起附近眼鏡行的不滿，而起來抗議。胡光中只好將它遷走，「我們沒有營利，完全是免費供應。」他說：「這裏不止是醫療院所，更是敘利亞人的『家』。」

不過這一個「家」，卻因為「家人」愈聚愈多，旁人不了解，引起一場誤會，甚至大打出手。最後也真印證了「不打不相識」這句話，相互認識之後，化解誤會，對方不但成了義診中心的好朋友，也成了義診中心的大護法。

「二〇一七年三月，很多敘利亞人來看診，因為空間太小，有的人就在外面等候。」胡光中說：「鄰居有個土耳其少女，在樓上擦窗戶，她說，樓下人一直在看她。」

穆斯林是很保守的，女孩的哥哥和父親聽了，那還得了！就糾集了一些朋友，來義診中心興師問罪。那天正好是庫德族人的新年，按例要滋事鬧事來「慶祝」。

「有人拿棍棒，衝進來就砸，還有兩個人帶槍。」胡光中也在現場，說：「他們還揚言，叫我們一週內『滾蛋』。」

病人紛紛走避，一位男護理師擋住他們，不讓進去診間，挨了一陣爆打；主任薛海勒也因為奮勇抵抗，被打斷了腿。

胡光中一邊拉開打架的人，一邊打電話報警。不一會兒，警車來了，把闖進來打人、砸玻璃的「暴民」統統抓走。

阿里市長知道了，非常震怒。少女的父親威脅放人，阿里市長則要嚴辦。胡光中仔細思量，幫對方求情：「放了吧！總是鄰居，要結一分好緣，否則以後沒完沒了。」

人放了，胡光中還買了上好的椰棗，登門拜訪。之後，又邀請老先生來會所，請他喝茶。

胡光中告訴老先生，我們是來自八千公里外的臺灣，早在十幾年前就幫助土耳其地震災民蓋大愛屋和帳棚，還持續發放物資，幫助災民度過難關。

「這幾年，我們幫助敘利亞難民，發放物資、購物卡、助學金；建立滿納海學校。」胡光中說：「現在我們還成立了義診中心，讓敘利亞難民免費看診……。」

老先生聽了，又意外又敬佩，連連道歉說：「以後義診中心有什麼問題，告訴我，我一定幫忙。」

老先生的兒子也親自來道歉，他說因為不知道你們是做什麼的，才會引起誤會。現在知道是在做好事，他們也要好好護持。

之後，有一次阿富汗人和土耳其人打群架，打死了一個土耳其人。引發民怨，群起要趕走外國人，尤其是難民。

那時候，胡光中正好在臺灣。義診中心人心惶惶，問說要不要關閉一個月，避避風頭？胡光中打電話給老先生，老先生說：「別怕！我派兩個兒子輪流去站崗，守護你們。」

不打不相識，雖然最後圓滿收場，但是義診中心除了醫護人員，就是行政人員，每個人都有分內的工作，實在需要一個負責管理和安全的專人。主麻和胡光中討論後，一個人選浮上檯面——阿布艾萊。

「有一個滿納海二校的學生，有一次跑來跟我說，能不能給他爸爸阿布艾萊找一份工作。他爸爸很能幹，是工廠老闆，也懂會計。來到土耳其，沒有工作，天天都在流眼淚。」胡光中說起來好笑：「我跟主麻老師說，他回我：不許關說，就是你也不行。」

主麻是為了省錢，不輕易增加人手。現在非用人不可，就說找阿布艾萊來吧！

阿布艾萊來了之後，上上下下，裏裏外外，都管理得非常好。尤其候診區，嚴格區分男女各一邊，讓來的人都很自在。義診中心外邊也不准抽菸，更不可隨意張望。

「他在阿勒坡有工廠，生產成衣、帽子、手套、圍巾，也有店面，是一個很成功的商人。」胡光中說。

阿布艾萊脖子上圍著一條咖啡色的圍巾，那是他的工廠生產的第一條產品，這一條圍巾一直緊緊跟著他。特別是逃難到他鄉異地，只要看到相伴二十一年的圍巾，就覺得希望在眼前，終有一天，會回到故里。

若談起阿勒坡，阿布艾萊就會忍不住哭起來，他曾親眼看見一個爸爸為了給孩子買食物，衝過封鎖線，被狙擊手射殺。

「在一個星期五，喚拜聲起，大家準備去清真寺作禮拜。飛機過來，一陣狂轟亂炸，樓房垮了，十五戶人家，全部罹難。」阿布艾萊說：「不！後來在瓦礫堆中，救出來一個兩個月大的嬰兒。」

他說：「沒有食物，有人餓死；找不到一塊木頭取暖，有人就被凍死。戰爭是一件多愚蠢的事，希望世界永遠不要再有戰爭。」

「慈濟人都是天使，從那麼遠的地方來幫助不認識的人。我每天半夜起來祈禱，祝福證嚴法師和所有的慈濟志工。」

「遷徙者健康中心三號」是慈濟義診中心「轉型」、「變身」之後的新名稱。胡光中說：「遷徙者健康中心顧名思義就是敘利亞難民的專屬醫院，前面第一號是衛生局、二號是世界衛生協會。」

慈濟義診中心會被「看上」，是因為每個月有上萬人次的數量。醫護人員有慈濟人文的薰陶，敘利亞難民對慈濟的信任，形成一個牢不可破的愛的網絡。

土耳其政府建議，此地場地太小，願意提供更大的空間，招募更多的醫護人員，以服務更多的「遷徙者」。這是在慈濟義診中心啟業營運兩年後，傳來的好消息。

為了遏止難民湧向歐洲，歐盟給了土耳其安置難民的專款，因此「遷徙者健康中心三號」的房租和醫護、行政人員的薪資，都由此專款支付。

「雖然我們大大減輕了經費的負擔，但不能減少一點點慈濟的人文和關愛。」胡光中說：「衛生局長建議我們，把四樓租下來，成立一個慈濟的據點，照樣可以服務敘利亞鄉親和醫護人員。」

在四樓外的牆面，可以張掛大大的醒目的慈濟標誌，這樣大家就可以知道，這裏就是慈濟大愛的家。下面一、二、三樓的醫院部分，則是原來的義診中心。

二〇一八年十月份，胡光中已經找了滿納海國際學校的業主納林先生，來為「新的義診中心」設計、隔間、裝修，並且購置必須的桌椅、器材。

納林先生同樣抱著「做到最好、收費最少、皆大歡喜」的服務心態，完成使命。三層樓的裝修設計，只花三十萬土幣，胡光中直呼「遇到貴人」。

年底，諸事底定。醫療大樓牆面上掛著一個醒目的牌子，上面用土耳其文寫著：遷徙者健康中心三號、裝潢設計者、慈濟基金會。下面還有一個大大的，慈濟的法船和蓮花標誌。

「二〇一九年二月份，將會由當地政府首長，以及安卡拉衛生部官員，來主持開幕典禮。」胡光中說：「這裏有地鐵站、公車站，和計程車招呼站，交通非常方便。」

新的「遷徙者健康中心」有九百六十平方米，二十七個診間，房屋挑高，光線明亮；舊的義診中心只有八個診間，低矮陰暗。「但是我們還是會保留它，全部改成牙科診所。」胡光中說。

至於四樓，因為地方夠大，要做一個綜合性的社會服務室。首先預計成立急難救助的「分站」。「這樣敘利亞鄉親來求助，就有地方可以坐，不必在室外站著等。」胡光中說。

「醫護人員的休息室是必須的。」周如意說：「我們要把它布置得美美的，舒服又溫馨，他們有空時可以上來休息，喝喝茶或咖啡，聊聊天。」

還要闢一或兩個小房間，做心理諮商，讓敘利亞難民有個傾訴或求助的地方。胡光中擬聘請專家，讓心理嚴重受創的人，有諮詢和治療的場域。

「新的義診中心還有一項創舉，就是免費的癌症篩檢，包括大腸癌、乳癌、子宮頸癌。」胡光中說：「預防勝於治療，篩檢若發現病灶，可以及早醫治。」

不管新或舊的義診中心，除了施醫、施藥，還要施出人們最無私、無染、無窮盡的愛。

慈濟宗教處專員邱國氣曾說：「土耳其的醫療就是慈善工作。」沒錯！醫療不止是醫病，還包含對患者的不捨、協助，幫助他們就醫之外，還要讓他們安心，覺得有依靠。

在相當大型的私立巴哈特醫院，翻譯志工哈勒夫太太陪著三十二歲的卡巴尼先生，等候開刀。

卡巴尼是腹部的疾病，在義診中心檢查之後，確定需要緊急開刀。於是經由馬吉德轉介預約了巴哈特醫院，由翻譯志工哈勒夫太太陪同來住院。

穿著黑色長袍的卡巴尼母親和太太，也焦急地陪在身邊。她們說：「如果沒有慈濟，我們真不知道該怎麼辦？」

卡巴尼二十日開完刀，二十一日就出院。二十二日在急難救助中心，他的母親和妻子，拿收據來申請醫療補助。

傍晚，急難救助站的薩伊德就送補助金給他們。司機穆罕默德按照地址，開了導航，還是繞來繞去，找不到地方，又打電話問了半天，好不容易才在一個小巷子裏找到卡巴尼的家。

那是一個很小的房子，三個房間住了三家人。有一個廚房、一套衛浴。小小的客廳擺了一個大餐桌，已無轉身之地。

卡巴尼的房間更是小，一張窄窄的沙發是他的床，床下有一張小小的地毯。另一面牆邊倒是有一座相當大的衣櫃。屋裏的三件家具，都是慈濟送來的二手貨。

薩伊德把裝在信封裏的慈濟補助金，給了躺在沙發上的卡巴尼，他眼眶裏轉動著淚珠，卻哽咽地說不出話來。

「卡巴尼的醫療費將近四千土幣，我們給他兩千元。」薩伊德說。

「這是媽媽、太太和兒子睡的地方嗎？」慈濟志工不解地問：「怎麼睡得下啊？」

老媽媽指著外面的餐桌說：「這就是我的床，我晚上就睡這裏。」

看他們的談吐和氣質，在敘利亞應該是不錯的家庭。離開卡巴尼的家，志工眼眶裏含著眼淚，心情無比沈重。

「他們都是臺灣人！」慈濟志工一踏進小商店，老闆就笑呵呵地對來購物的小朋友說，小朋友也很大方地對著慈濟志工微笑招呼。

這裏是義診中心旁邊的小雜貨店，販賣的都是敘利亞商品，當然店主人也是敘利亞人，說的是阿拉伯話。

貨架上琳瑯滿目，什麼都有：罐裝的、盒裝的、紙包裝的。大冰箱裏有各種飲料、酸奶、起司。中間平臺上賣的是即食的東西，糕點、沙拉、糖果。商店主人叫做阿麥特，來這裏開店兩年了，他說生意不錯。賣得最好的是大餅和茶，因為便宜又好吃，又是家鄉味。

「你想回家嗎？」

阿麥特搖搖頭：「已經一無所有了，回去也是什麼都沒有了……」

他不肯定的回答，眼神卻訴說著：我好想家……

小櫃檯旁是一個小小的咖啡機，賣的是現煮咖啡。敘利亞咖啡和土耳其咖啡一樣，不是沖泡的，而是用煮的。

有的咖啡還加了豆蔻，因此有一股特別的香氣。土敘咖啡都不濾渣，真真的原味，當地人都加很多糖；若不加糖，會苦到睜不開眼睛。

阿麥特煮了咖啡，堅持請慈濟志工喝，「免費的，因為你們都是好人！」

盛情難卻，喝了咖啡，「交關」了幾盒敘利亞椰棗，準備帶回臺灣當伴手禮。

在街的對角，有一家很花俏的女裝店，寫的是阿拉伯文，也是一家敘利亞商店。店主人是一個年輕人，只有二十五歲，名叫馬木特。

「我家在阿勒坡就是賣女裝的，這裏開了義診中心之後，人潮就聚集起來了，所以我爸爸就開了這家店，讓我管理。」馬木特說。

店裏除了阿拉伯傳統服裝之外，還有很清涼的內衣褲和睡衣，以及手飾、化妝品。甚至有新娘、新郎的全套禮服。

店裏擺得滿坑滿谷，時髦的洋裝、牛仔褲還陳列到馬路邊的人行道上去。

馬木特說：「我的家人都去義診中心看過病，我也去看過牙齒。」

他搔搔頭，說不喜歡現在的生活，「我很想去臺灣，但是沒有護照，也去不了。」

問他知道臺灣在哪裏嗎？他聳聳肩說：「不知道。」

「我躲在行李廂，你們把我帶過去好嗎？」馬木特指著他們賣的行李箱：「臺灣一定是個好地方，我想去。」

從馬木特的商店望出去，義診中心牆上的慈濟蓮花和法船的標誌，應該就是令人嚮往憧憬的應許之地。

篇六　花道茶道很療癒

天空是灰白的，我站在高處的窗臺向四周張望，眼前是一片紅色的屋頂，右手邊有一座清真寺，兩座喚拜塔高高聳立。前方也有喚拜塔，遠處也有，更遠處也有，在薄霧中若隱若現。

海鳥在空中飛翔，姿態優美。或單飛，或群遊。我不知道海在哪裏？有多遠？看牠們張開雙翼，在空中或浮或沈、追逐、嬉戲，那種漫遊、那種英姿，令人悠然神往，目不捨離。

這裏是伊斯坦堡蘇丹加濟市的滿納海國際學校六樓，偌大的「人文教室」，是一個舒適溫暖、多功能的場地。

櫥櫃裏擺滿了中國式的茶具，另一邊則是各種花器。周如意說：「我們曾經在這裏開辦茶道班和花道班。」

早在二〇一五年滿納海一校成立後，周如意就曾在學校教小朋友手語歌。以慈濟簡單易學的〈一家人〉或〈哈囉！哈囉！〉當作教材，小朋友學得很快，不久輕快的歌曲就琅琅上口，手語動作也整齊優美。

〈一家人〉是陳建名作詞，王建勛作曲，傳唱很廣的一首歌。歌詞如下：

我的快樂，來自你的笑聲；
而你如果流淚，我會比你更心疼。
我的夢想，需要你陪我完成；
而你給我的愛，讓我勇氣倍增！
因為我們是一家人……

「可是當時的滿納海一校校長烏沙瑪有疑慮，他不懂中文，不知道內容是什麼。」周如意說：「而且年輕的女孩，又是唱歌，又是比手畫腳，他看不慣吧！所以持反對態度。」

周如意贈送合身的毛衣給表現優異的孩子，校長也側目：曲線畢露，成何體統？周如意教的手語歌，儘管歌詞內容完全沒有宗教色彩，還是被認為在「傳教」。

校長再三地暗示、明示他的不同意。周如意無限委屈，但也無可奈何，只好停止了手語教學。「我們是在『傳愛』，而不是『傳教』。」

二〇一六年慈濟會所在義診中心地下室成立之後，雖然場地是小小的，但是周如意和志工還是盡力布置，打造一個典雅、舒適的靜思風格的空間，就像是一個小小的心靈故鄉，讓異鄉遊子們也有安定的感覺。

另外布置了一個鄂圖曼王朝風格的小客房，讓敘利亞志工們在疲憊時，可以安心休憩。

開辦手語班、插花班和中文班是周如意夢想好久的事，有了場地，終於可以美夢成真。

手語隊招收了新血，小朋友利用課餘時間來練習，〈一家人〉和〈哈囉！〉很快就學會。

學習的過程，周如意會講解歌詞的意義，勉勵大家，相互關愛，因為我們都是一家人。

「看她們載歌載舞，好開心！」周如意說：「我還是喜歡這種熱鬧的氣氛，好快樂啊！」

至於插花，周如意自承：「自己心儀花道已久，可惜沒時間也沒機緣好好上課，臨時從書本及網路上惡補，幸運地在路上還遇到賣花材的攤販。」胡光中陪她去尋找合適的花瓶，慧心巧手的她插出了一件作品，她左看右看，超有成就感的。

插花班開辦了，連男生都來報名。周如意好笑地說：「我話都還沒說完，小男生已經快手快腳，把花給『插』好了。」

每個滿納海的孩子都是周如意的寶貝，中文班、手語班、插花班的學生，更是她的「心肝」。有一次，她還帶著孩子們去看電影。

有的孩子從沒看過電影，覺得很好奇，看完電影還跑到前面去，把銀幕摸了又摸。

胡光中看妻子做得那麼高興，也給她很大的支持，唯獨對於「花道」有意見；鮮花很貴，插幾天就謝了，太浪費錢了。

有一天，周如意收到一封學生給她的信，因為看不懂阿拉伯文，就請胡光中翻譯。

胡光中讀了信後大吃一驚，那封信是花道課學生禮漾和瑞葛蘭聯合署名寫的：

「她把我們結合起來，教我們做人的道理。她把我們當成正常的孩子，就好像我們是她的孩子一般。我們每次都是迫不及待等著跟她見面，一分鐘、一分鐘地等待，有如在充滿愛的空氣中寫一本書——寫下關於她對我們所有的好。」

「原來花道課有如此大的力量！讓孩子感覺被愛，讓她們充滿信心。」胡光中每每談起，都感動不已：「她們感覺自己像『正常』的孩子，而不是難民的孩子。」

從此以後，胡光中再也不反對妻子上那「昂貴」的花道了。

一花一世界，花是會解語的，每個人面對不同的花，或嬌豔可人、或清新脫俗，有不同的對話和解讀；但相同的是，面對美麗的花，一定會長出美麗的心情。

滿納海國際學校成立了，上下九層的大樓規畫了很多教室和不同的空間。頂層的六樓，設置有美術教室、化學實驗室、教師會議室、行政辦公室和人文教室。

周如意把她的「小小社團」搬到人文教室來，新任的校長主麻不但不反對，還樂觀其成。

「這裏的空間太美了，所以我們又加開了『茶道』。」周如意很開心：「連老師都來參加。」

全套的茶具是慈濟志工楊茹云贈送的，芳香的茶葉也是來自臺灣。周如意一一介紹各種茶器，以及茶席禮儀。

茶學不止是一種美學、一種人文涵養，更重要的是要落實在生活中；所以，周如意希望學生回家，可以恭恭敬敬為父母奉茶，慰勞雙親的辛勞。

「有貴賓來訪，我們的人文空間，有學生的插花作品，也有茶道班學員沖泡的香茗，氣質優雅地奉上一杯，每每都獲得貴賓的驚喜讚歎。」周如意欣慰地說。

更不可思議的是，花道、茶道的「療癒」效果，竟然可以讓喪子的母親，在無盡的哀慟中，逐漸褪去憂傷，臉龐再現祥和。

「那是一個意外事件，大家都很難過。」胡光中說：「七歲的拉伊德，媽媽已經帶他來註冊了，只要開學，他就是我們的學生了，怎知……」

有一個晚上，拉伊德跟媽媽說，要下樓到雜貨店買東西。結果一去不返，人就失蹤了。

父母親友急得到處尋找，胡光中和志工也投入幫忙，到底這個小男孩到哪裏去了？透過警方調閱附近的監視器，找了又找，好不容易才發現拉伊德的身影了。

拉伊德和一個少年走進一條巷子，從此失去蹤影；再一個影像是，少年用一個水泥推車，載著一包「垃圾」走出來。

警方找到這個少年，是個阿富汗的難民。審問之下，少年供認勒斃拉伊德，立刻宣告破案。

原來當晚拉伊德下樓去買東西，遇到這個阿富汗少年，兩個人聊著聊著起了爭執，少年把他帶進巷子毆打，拉伊德說：「我要告訴我爸爸。」

少年害怕，心一急，掐住他的脖子，沒想到就失手把他勒斃了。少年更害怕，找了袋子把拉伊德裝起來，用水泥推車推到公用垃圾車，丟進去。

案子偵破了，屍首呢？早就被不知情的垃圾車載到垃圾山去，再也找不到了。

父母哀慟欲絕，任誰來安慰都沒用，他們一直想要找到兒子的大體，但是垃圾山太大了，從何找起啊？

「除了傷心，還有一個麻煩的是，無法開立死亡證明。」胡光中請律師哈肯幫他們處理，也把拉伊德媽媽邀請到人文教室來。

余自成說：「胡師兄和主麻老師，跟她說的是阿拉伯語，我們聽不懂。她一直哭，我們也陪她哭啊！」

喪子是既成的事實，再哀傷也喚不回。主麻告訴她，在敘利亞的戰亂中，幾萬個孩子失去了生命，這是真主阿拉給的考驗。勉勵她勇敢面對，純真無瑕的孩子歸真，父母最好用祝福取代哀痛，因為他已在天堂。

真心、誠懇的陪伴，心碎的媽媽感受到了。或許她相信，一切都是「前定」，是真主的安排。

周如意邀她來參加人文課程，透過花道和茶道的課，拉伊德的媽媽逐漸走出來，原本緊繃的情緒，也慢慢放鬆了。

「她端著茶杯，慢慢地喝著茶，神情彷彿紓解了許多。」周如意說。或許，她正想著跟兒子在對話，在對飲吧！

胡光中說：「後來比照她來人文班前後的相片，真不敢相信，原本愁苦的臉，明顯柔和安詳了。」

證明書的問題經過冗長的奔波、努力，終於獲得解決。為免觸景傷情，拉伊德的父母帶著其他三個孩子搬家，展開新生活。

肯定人文班的成果，胡光中大力支持妻子。進一步還安排學生的志工培訓課，除了講解慈濟的精神理念，並且利用假日去做居家關懷。

《大愛全紀錄》企畫楊景卉有一段文字是如此寫的：

「後來因為學校遲遲拿不到國際學校的『認證』，差點被關閉，人文班也就暫時畫上休止符。」周如意說。

現在學校的問題解決了，周如意又因為創立臺灣同鄉會，成為首任會長，僑務繁忙，「重啟」人文教室，就靜待好因緣吧！

十二月初，伊斯坦堡非常寒冷。

車子開了很久，來到一排老公寓前。開門進去，一股潮溼霉味迎面襲來；上了三樓，稍稍好些。走道右手邊，一間教室裏，有十幾個小男生在上課。

這裏是加齊奧斯曼帕薩（Gaziosmanpasa）附近的百瑞巴沙（Bayrampasa），老公寓的三至五層樓，是專為敘利亞難民學生設立的「讀書樓」。

早在二〇一四年，胡光中在藍色清真寺遇見光著腳的小女孩，知道伊斯坦堡也有敘利亞難民，展開慈善發放時，臺灣政治大學助理教授劉長政也募款支援。九月份，在他倆往來的訊息裏就談到「讀書樓」。

「讀書樓」是伊斯坦堡關心教育的土耳其學者，號召朋友設立的；屋主無償提供場地；善心人士集資十萬美元裝潢，包括隔間、門窗、廁所、地毯、課桌椅、十五張上下鋪的床，以及棉被、毛毯等。

「後來因為資金不足而停止，正在尋求幫助……」主麻把訊息告訴胡光中，希望能找到資源協助他們。

主麻和胡光中拜訪了讀書樓後，針對需要給了協助。到二〇一九年，已經四年多了。

校長、老師們和教長請我們到會客室坐，沙發是破爛的，胡光中笑說：「他們以前連沙發都沒有，很克難。」

校長介紹：「目前有學生五十五位，有些是當地家庭的孩子，有一部分是從敘利亞接來的孤兒。也有二十多個附近十六歲以上的女生，利用早上時間來讀書。」

三樓教室有不同的學生上課；四樓是學生宿舍，有雙層鐵床。余自成拍拍床墊說：「這些是我們送來的，以前他們睡的是紙箱拆開來的厚紙板，又硬又不保暖。」

「這毛毯也是我們送的。」周如意說。毛毯上印有慈濟的蓮花標誌。他們還把毛毯剪開，一件變兩件。老師說，這毛毯品質很好，夠暖了。

上了五樓，這裏是廚房、餐廳。

進到一個大空間，發現全校的學生已經齊聚在地毯上，五、六十雙亮晶晶的眼睛，含笑地打量著我們這些遠來的客人。

可愛的男學生一個個被老師請到前面去，或吟唱、或背誦《古蘭經》。讀書樓教學的內容是宗教、科學和土耳其文，並逐漸改成專攻宗教，培養以後的神職人才。

離開前，胡光中進到廚房，打開儲藏室，發現食物還很多。點點頭，滿是欣慰的表情。

「我們有一些朋友集資，每個月贊助他們三千土幣伙食費，希望孩子們可以吃得飽、吃得好。」胡光中說：「這裏的老師薪資微薄，生活困難，所以我們也把他們列入補助對象。」

依依不捨地要告辭了，胡光中又說了一個小故事：「我曾經在這裏被一個很小的小朋友『教育』。哈哈！」原來胡光中上完廁所，打開水龍頭洗手時，一個小男孩過來指正他：「水開太大了，很浪費；你可以開小一點，好嗎？」

街道上，小巴士、雙層公車來回穿梭。這裏沒有輕軌，汽車就成了重要的交通工具。

司機穆罕默德熟門熟路地，把我們帶到一排大樓前，原來這裏曾是他打工四年的成衣廠。

從○樓上到一樓，成衣廠的主管過來逐一和我們握手，連女生也不例外。

原來土耳其人比較西化，男女生可以握手；敘利亞人就比較保守，男女是授受不親的。

乘坐小電梯到二樓，這裏是燙衣部門，工人熟練地划著熨斗，一邊燙著，一邊丟著。兩個小童工，忙著把這些衣服，或是袖子，或是褲管，抱到它們應該去的地方。

每個人都是手腳俐落，分秒必爭的樣子。我們不知道這兩個約十來歲的小男孩是不是敘利亞人？為什麼他們沒去讀書，而在這裏做工？

三樓、四樓是縫紉和剪線頭的地方，機器聲「卡卡卡」或「喀喀喀」，震耳欲聾。每個人都是機械式的動作，重複再重複，要站一天或坐一天，應該是極其痛苦的事。

裁剪部門在五樓，我們也在這裏見到年輕的老闆，會客室裏有十五個監視器播出的畫面，可以看見全工廠各個角落的一舉一動。一個大大的牆面，有他們的商標，「土國通」的余自成說：「原來它們叫做『西裝先生』。」

老闆帶我們到餐廳，休息時間，工人像潮水般從樓梯下來，去吃吃點心或到外頭抽菸。

三十歲的老闆不是富二代，而是和兄長白手起家。蘇丹加濟市有很多成衣廠和鞋廠，規模都不大。敘利亞難民湧入時，很多工廠都喜歡用他們，因為工資便宜，甚至只有土耳其工人的一半。

「以前我們的敘利亞工人占了十之八九，後來土耳其人抗議，政府修改規定，現在只能有十分之一，為的是保障土耳其人的就業機會。」

「剛開始，有些人在敘利亞是工廠老闆、老師、或地方仕紳，落難來土耳其，沒有工作權，只能來打黑工。他們沒有保險，只能算是非法外勞，所以心情很落寞。」

「敘利亞難民初初來時，大家都同情他們；但時間久了，連政府也感覺吃不消。房租高漲，工資下跌，對土耳其當地人造成很大的影響。」

穆罕默德在敘利亞家鄉也是成衣廠的小老闆，逃難出來，沒有房子、沒有錢，他感恩「西裝先生」提供工作機會，而且跟當地人是同工同酬。

「敘利亞內戰，可憐的是無辜的老百姓。兩個人出來，要付二十四萬土幣給人蛇集團。」老闆說：「所以有些人，從早上八點做到晚上八點，還要想辦法另外去打工，為的是多賺點錢，把父母家人接出來。」

「我們家已經兩個月付不出房租了，連吃的也沒有了……」穿著白色長衫的老人坐在客廳床上，抹著眼淚訴說著。

這天，我們跟著急難救助的志工來到阿爾納武特市，拜訪一個求助的家庭，並給他們送來禦寒的毛毯。

老人是一個殘障者，他的妻子也是體弱多病。老二和老三外出打工，老大是個發展遲緩的大孩子，卻已經娶妻，生了一對兒女。

一家八口來到土耳其兩年了，兩個孩子打工還是無法維持生活。老人手撥著念珠，無奈地說：「我們向雜貨店賒賬，還不出錢，再也不敢上門了。」

他有朋友是慈濟照顧戶，告訴他可以向慈濟申請急難救助，因此志工特地來家訪。

這時又進來一位訪客，是一個戴著小花帽的老人，原來是土耳其房東。「我看他身體不方便，所以我就搬到二樓去，把一樓租給他們。」房東說：「他們生活很辛苦，所以我拿的房租是低於行情價的。」

房東看起來很誠懇、善良，他表示自己已經退休了，如果他還有工作、有收入，就可以多幫老人一家。

「因為他們也是穆斯林兄弟，大老遠來，無依無靠的，挺讓人同情。」房東說：「有時候，他們做了敘利亞食物，也會送上來給我們吃。」

房東問我們是哪裏來的？大使館嗎？知道是遠從臺灣來的慈濟基金會，他請求：「希望你們也能給他們一些幫助……」

我無法分辨土耳其人和敘利亞人，但看到他們真誠的互動，我想起陶淵明的詩：「人生無根蒂，飄如陌上塵。分散逐風轉，此已非常身。落地為兄弟，何必骨肉親……」

滿納海的努兒菲旦老師曾經碰到瞧不起他們，甚至恐嚇要殺掉他們的惡鄰居，也碰過善待他們的好房東和好鄰居。

人都有不同的習氣和特質，面對相同的境遇，也會有不同的反應。有人同情敘利亞難民，就算不能給予實質的幫助，也會和善對待；有人歧視，甚至欺凌難民。

但是我相信，好人多過壞人，好事多過壞事。慢慢的，難民在土耳其落地生根，「融合」就靠時間去形成吧！

土敘聯姻愈來愈多，慈濟義診中心護士瑪娃，嫁給了土耳其人穆斯塔法，兩人除了宗教信仰相同之外，語言、生活習慣、飲食都有很大的差別，但經過時間的磨合，相互的包容，結婚三年，可算得上幸福美滿。

瑪娃的婆婆會教媳婦做土耳其菜，瑪娃也會做敘利亞菜給夫家的人享用。兩國的主食都是麵包，卻是不同的麵包。敘利亞人習慣加香料和橄欖油；土耳其人用醬汁和優格，而且使用刀叉和湯匙。

同樣是義大利麵，夫妻一人一盤，加的東西不一樣，顏色也有差別，味道當然更不一樣。穆斯塔法用湯匙餵了太太一口，瑪娃吃了皺著眉頭說：「好難吃！」

瑪娃回請先生吃一口敘利亞「美食」，先生也避之猶恐不及。這都是過程，經過時間的淬煉，將來勢必會迸出「土」「敘」精華的飲食文化。

在伊斯坦堡，特別是蘇丹加濟市的義診中心附近，經常可以看見阿拉伯文字和土耳其文字並存的商店，可見兩國逐漸融合的事實。

楊景卉曾訪問當地學者，奧登柏敘大學副教授阿斯勒說：「在十三世紀，土耳其和敘利亞同屬於鄂圖曼帝國，歷史的分分合合，現在他們的命運又有了交集。」

希望這個交集，不是衝突；而是美麗的火花。

在急難救助中心職工薩伊德的桌上，有一張慈濟卡，原來是有一家人在回去敘利亞家鄉之前，特地拿來歸還並致謝的。

薩伊德說：「這一家人，父親在戰爭中罹難，母親帶著四個孩子逃離家園。來到土耳其生活困難，孩子三年沒讀書，直到滿納海學校成立，才得以繼續學業，但是常因為交通問題，無法上學。」

現在戰爭告一段落，他們想回家去。從伊斯坦堡到邊境搭巴士要二十一小時，在邊境又不知道要耽擱多少時間，就算過了關，回到家鄉還要五小時。一趟歸鄉路，很難，但是還是想回家。歸還慈濟卡，永記慈濟情。

在二〇一八年，政府軍逐漸收復了被反抗軍和極端組織占領的城鎮，大規模的轟炸殺戮已漸平息，有些人就走向歸鄉之路。

滿納海老師塔萊布七月回去敘利亞阿勒坡；十一月再來土耳其，在家鄉待了五個月。

「四年不見了，我好想家。」塔萊布說：「二〇一四年冬天，我和太太帶了四個孩子，持觀光護照合法入關。那時下大雪，我們只帶兩條毛毯，搭巴士進來土耳其的。」

塔萊布原本在敘利亞的大學教英文，到了土耳其，也在邊境大城加濟安泰普（Gaziantep）教過書，之後才到伊斯坦堡來。

擁有高學歷的他，除了教書，還當翻譯。為了孩子，他們申請了保護卡。憑著保護卡，每年開齋節、忠孝節都可以返鄉。

之所以四年都沒回去，一是為了小孩，來到土耳其，他們家迎來了第五個小孩；再來是費用不貲。

塔萊布的父母在戰亂期間，曾到代那（Dana）鄉下避難；也曾到土耳其居住一年。畢竟是太過思念家鄉，所以又回去了。

七月是陽光季節，塔萊布回到睽違四年的家鄉，很多建築物都被摧毀了，更大的變化是：「見不到老朋友。」

他們到哪裏去了？塔萊布從臉書拚命找，發現有些人在德國、在英國，即便在敘利亞，也是天各一方，不得見面。「沒想到大家會分離那麼久！那麼遙遠！」

「很多敘利亞人都想回去，但是，基礎建設被破壞，物價飛漲十倍，唉！」塔萊布說：「敘利亞現在很缺醫師和老師，但是我太太和孩子都不肯回去。」

塔萊布很感恩土耳其政府接納敘利亞難民，一般民眾也很親切、和善，也交了很多土耳其朋友。

「滿納海一校招聘老師時，我就來了。」他說：「我愛滿納海的學生，我不只是他們的老師，更是他們的爸爸。」

說到這裏，塔萊布眼眶紅了，哽咽地說：「在阿勒坡戰爭時，有一個十一年級的學生，我發現他沒交考卷，曠課？失蹤了？後來在新聞報導中，才知道他被炸死了。」

「我希望滿納海的孩子們，忘記痛苦。有一天，當他們回家的時候，把這裏的愛帶回去。」塔萊布老師哭著說。

我們靜靜地看著塔萊布，陪著掉眼淚。

「希望有一天，慈濟人也能到敘利亞去。」塔萊布終於拭乾眼淚，並泛起笑臉說：「你們將會聽到有人用中文向你們說『謝謝』！」

篇七　真主阿拉的禮物

主麻教授

在去土耳其之前，編輯就給我很多相關資料，有文字檔、照片和影音。我知道胡光中和周如意伉儷，還有余自成，三位慈濟受證委員是主角之外，就屬主麻教授是援助敘利亞難民的靈魂人物之一了。

我讀了葉文鶯撰寫的文章，也從照片和影片中看到主麻。真正見到面，發現他是一個輕聲細語，溫文儒雅的人，但我更訝異的是，一個五十出頭的人怎會如此蒼老？

胡光中說：「四年前剛認識他的時候，他還很年輕。」應該是這幾年把他累壞了。

主麻是大馬士革人，因為在週五主麻日出生，所以取名「主麻」，由此可見他是生長在一個虔誠的穆斯林家庭。

敘利亞內戰爆發，當時在阿布努爾（Abu Nur）大學教書的主麻，二〇一二年九月持護照經黎巴嫩轉到土耳其，隔年一月再把妻子和兩個兒子接出來土耳其。

主麻離開時，父親已過世，母親不捨，大聲哭喊，好像此去再也見不到面了。果真如此，一直到二〇一八年母親過世，主麻沒能再回故鄉，連奔喪也無法回去，這是他心中最大的痛。

在土耳其，主麻謀得一份教職，教土耳其人學習阿拉伯語，雖然薪水微薄，但總算有一份固定的收入。眼看著逃難出來的同胞愈來愈多，他說：「難民找不到工作，房租又貴，沒錢買床墊和毛毯，特別是醫療和孩子的教育更是嚴重的問題。」

主麻說：「找不到任何基金會幫忙，我真是痛苦無助。」一直到二〇一四年認識慈濟的費瑟（胡光中），才透出一線曙光。

認識胡光中，緣於臺灣留學生張景安。專門研究伊斯蘭教與當代中東政治的張景安，當時已經回臺灣，他給胡光中打電話介紹主麻。胡光中也即刻跟主麻聯繫、見面。雙方一見如故，那時胡光中正好募了八千多美金，要在他碰到的光腳丫小女孩住的庫酋克帕薩發放。

這是二〇一四年六月份，主麻也參與了發放，他跟胡光中說：「在伊斯坦堡的蘇丹加濟市和阿爾納武特市，敘利亞難民更多，很多都需要幫助。」

七月，胡光中回到臺灣，見到了證嚴法師。法師慈悲，勉勵他要照顧難民，慈濟可以支持。

「十月份，我們在阿爾納武特市和蘇丹加濟市做了兩場發放，那次的善款，是政大阿語系的老師劉長政發起『請我吃一頓飯』，還有我和如意的親戚朋友募捐的。」胡光中說。

主麻不眠不休地和胡光中等人一起企畫、訪價、還大力地號召敘利亞難民穿起慈濟背心，擔任志工。在土耳其，只有胡光中、周如意、余自成三位慈濟委員，而背後強而有力的敘利亞志工群，都是主麻悉心呵護培植出來的。

十一月，再做一次大型發放，這次是來自臺灣慈濟的國際賑災專款。這次訂製了一萬條毛毯，嘉惠難民過冬。

在一次發放中，主麻懇切地提出「一塊錢可以上天堂」的呼籲，他說：「如果你有一塊錢，是你很需要的；但如果你可以把它捐出來，給『更』需要的人，阿拉會為你開一條路，讓你上天堂。」

主麻的呼籲感動很多人，紛紛掏出零錢，捐出來幫助更需要的人。

這兩次發放，都有人要把領到的毛毯和物資「賣」給胡光中，因為他們需要現金，讓孩子去讀書。

在這之前，主麻已經多次跟胡光中討論，敘利亞孩子失學的問題。他憂心忡忡，如果一個孩子到了九歲，還不會寫自己的名字，將來可能就是文盲。

他們開始挨家挨戶地調查，有多少學齡兒童需要幫助。首先根據發放的名單去拜訪，而鄰居和親友也會互通消息。

胡光中說：「因為過去也有人去調查，拿了資料就沒下文，所以要取得大家的信任很不容易。」

志工小組去拜訪，吃閉門羹、挨罵、被轟出來，都是常有的事。這時張景安再度來到伊斯坦堡，在老師家又住了兩個月。第一次見到胡光中，他發現老師和胡光中做得很累，但很開心。

一個晚上，可能只拜訪三個家庭，因為都要聆聽他們在家鄉和逃難的故事，坦克車、飛機、炸彈、狙擊手……講的人哭，聽的人也哭。

經過兩、三個星期，拜訪了一百零八戶人家，一一登錄資料，余自成一一為孩子拍照建檔，初步蒐集到了兩百個孩子需要上學。

胡光中一方面跟慈濟提出助學方案；一方面跟主麻去蘇丹加濟市教育局請求提供學校場地。結果異常順利，只是學生人數暴增到五百七十八人，這是始料未及的好現象。

主麻為學校取名「滿納海」，意思是沙漠裏的泉源。利用土耳其在傑北濟的學校，上午是土耳其師生上課；下午則是敘利亞師生以阿拉伯語教學。

二〇一五年一月二十三日註冊，二十四日開學。胡光中、周如意和主麻一個個教室去探視，淚水流不停。余自成架起攝影機要採訪，他們久久說不出話來，只是一直哭個不停。

「就哭吧！無聲勝有聲，淚水更動人。」余自成也哭了，他說：「所有的辛苦都有代價，美夢成真，能不喜極而泣嗎？」

敘利亞戰火沒有停歇，難民也前仆後繼逃離祖國，向慈濟求援的案件愈來愈多。胡光中請主麻辭去教職，接受慈濟的聘請，負責慈善和教育的方案執行，以及之後的慈濟義診中心，主麻都是重要的主導任事之一。

滿納海國際學校成立之後，主麻獲聘為校長。他就像一個慈祥的爺爺一樣，每個孩子都是心肝寶貝似的。年幼的孩子看到他，總是飛撲過來，像無尾熊一樣，一直要爬到他身上去。

主麻曾說：「滿納海是我的生命，我的靈魂。我全心地護衛它，因為它保留了敘利亞文化的根苗。」

滿納海學校成立之後，還有許多學齡兒童為了家計，不得不到工廠打工，無法到校就學。胡光中和主麻就在滿納海設立假日學校，讓童工利用假日來讀書，但是學習時間實在有限。

「七月二十四日，我再邀請主麻、蘇丹加濟副市長、教育局長、還有如意、余自成一起回到花蓮，為童工向上人請命。」胡光中說：「上人慈悲，要我們把孩子從工廠找回來念書，由慈濟補貼相等的工資給他的家庭。」

這一次的會面，在場的人都哭到無法控制，證嚴法師給他們整包的衛生紙。之後法師還屢屢提起，實在難忘為了難民兒童教育痛哭的有心人士。

主麻告訴我，法師就像一位慈愛的母親，他的愛不分國籍、種族、膚色、宗教，是廣大無垠的愛。

主麻還說過一段很經典的話：一間房子，可以住五個人、十個人；也可以住幾十個人、幾百人；可以住幾千人、幾萬人；可以住百萬、千萬人；可以住幾億人，那個房子就叫做「愛」。

回到土耳其，積極到工廠尋找童工，把孩子帶出來，讓他們背著書包上學去。胡光中說：「我們找出來四百多個打工生，全球慈濟人的點滴愛心，改變了他們的命運。」

滿納海學校因家長奔相走告，學生愈來愈多，持續設立二校、三校到八校，學生增長到三千多人。

「真主給我職責，讓我認識慈濟，成為一個可以幫助人的人。我比成為國王、王子、富豪更有價值。」主麻說：「我是一個獲利最多的人。」

主麻認真地繼續說：「我所做的，絕不會白費。當最後一天，阿拉問我，你做了什麼？我可以很坦誠地回答：我感謝祢給我機會，我盡心做到了。」

「只是，我覺得遺憾的是，我的時間不夠用。」主麻說：「我希望能做更多的事，但是來不及了。」

葉文鶯曾在《慈濟月刊》寫到——

二〇一五年七月，十六歲的小兒子哈利決定偷渡到德國，尋求更有希望的未來。他隻身帶著一千五百歐元，在伊斯坦堡搭上公車再坐小艇，接著乘大船越過愛琴海前往希臘，又從希臘搭火車向北，與大批難民沿鐵軌跋涉，徒步進入德國。在他離開的八個月後，主麻才透過視訊畫面見到小哈利。

這位父親經常老淚縱橫，在兒子面前也忍不住。繼哈利遠走，大兒子受不了戰爭帶來的分離與恐懼，精神出現異常，「他用刀子劃傷自己。」主麻心痛不已地表示，母親居住在大馬士革鄉間，戰況不算激烈，他讓妻子帶著大兒子回故鄉療癒創傷，沒想到邊界封鎖，隻身在異國的他，只能透過電話得知家人的消息。

「這樣的骨肉離散，像是將一個人的頭、手和身體分開。」主麻說，敘利亞人和東方人一樣，相當重視家庭。開齋節是穆斯林的新年，家人總是到清真寺禮拜，大家相互擁抱、祝福，回到家便與親友團聚，歡歡喜喜。但在土耳其，「每逢穆斯林的重要節日，開齋節和忠孝節，我的心裏都是苦的！」

妻離子散的主麻，內心痛苦可想而知。

回到敘利亞三年多期間，大兒子結婚了，也生了一個小女娃，取名「阿米娜」，那是主麻母親的名字。

戰亂的國家，許多政策都是朝令夕改，二〇一八年主麻夫人偕兒、媳、孫女要申請到土耳其遭受層層刁難。幸好吉人天相，最後還是在六月順利出境。回到伊斯坦堡時，不止主麻一家，幾乎所有去迎接的人都淚灑機場。

見到妻兒，也見到素未謀面的兒媳和愛孫，主麻欣喜不在話下。透過視訊，和在德國讀書的小兒子聯絡上，一家人縱使相隔天涯海角，也算是在手機裏團聚了。

為了敘利亞的難民同胞，主麻夜以繼日，不眠不休，但因為想做的，都在慈濟的支持下，一步步實現，所以心是快樂的。

周如意說，主麻每天工作時間是「二十四小時又一分鐘」。

主麻說：「昨天晚上我答應太太，十點鐘就可以回家，陪她吃晚飯。」

結果六點鐘時，急難救助站送來五十五份申請的案件。紛至沓來的工作讓他一忙再忙，一直到深夜，他開始細讀鄉親的求助單及志工家訪後填寫的意見欄。

「我一份一份地看，好像走進他們家庭一樣，他們的痛苦就是我的痛苦。」主麻說：「有的是失火了、有的是沒錢買食物、需要助聽器的、需要床墊的、殘障的。」

主麻說，他簽個名，只需短短幾秒鐘；但是對苦苦等待的家庭來說，一個核准，就好像移開壓在他們身上的大山一樣。

流著眼淚，閱讀一個個難民的故事，在掙扎中下最理性的批示，不知不覺中，已經是第二天的凌晨一點了。

難怪主麻夫人說：「他每天都『很早』回家。」

有一天，胡光中跟我們說：「你們有沒有發現？敘利亞志工都是男的，沒有女的？」

文素珍和我都說：「對喔！」

「主麻老師不贊成婦女出來當志工，他跟女性都保持距離。」胡光中說。說到這裏，我就很羞愧。繼初見面就去擁抱傑內德而犯忌之後，過幾天，我在二樓行政辦公室外邊，看到主麻從校長室出來，他跟來訪的客人一一握手，我也把冷冰冰的手伸了出去——

主麻略有遲疑，但也很禮貌地握了一下我的指尖。我不覺有異，只是後來不知怎麼談起來，大家哄堂大笑：「你跟主麻握手？」「主麻跟你握手？」

「怎麼？有什麼不對？」我感到莫名其妙。

「男女授受不親，敘利亞人，男女是不握手的。」原來如此，我又搞了個烏龍。但是後來去工廠參觀的時候，土耳其的男士就很熱情地主動跟我們每一個人握手。余自成說：「土耳其人比較歐化、開放；敘利亞人相對比較保守。」

主麻不止保守，還非常擇善固執。二〇一五年臺灣關懷團來訪之後，捐了一部九人座的汽車當作公務車，由穆罕默德當司機。

穆罕默德家在阿爾納武特市，距離蘇丹加濟十七公里，主麻不許他把車開回家。主麻說：「這是慈濟人捐的車，我們只是負責保管，不能成為你的私家車。」

有時候勤務太晚，胡光中叫他開車回家，明早再開過來。因為穆罕默德已經沒有巴士回家了，這是例外。

從東古塔逃出來的阿絲瑪，處境堪憐，胡光中說要不要把她列入特困戶？主麻沈思良久說：「不好！這樣她會以為從此我們要替她負責，暫列急難救助，幫她三個月再評估。」

「主麻就是一個深思熟慮的人，很保守，也很固執。」胡光中說：「看看你們能不能說動他，讓婦女也能出來當志工。」

機會來了，有一天主麻上六樓跟胡光中討論事情。談完後，胡光中把「球」丟給我：「師姊，如果我們成立婦女志工隊，你的看法如何？」

我說：「很好啊！慈濟就是當年上人帶領三十個家庭主婦創辦起來的。」

翻譯後，主麻說：「穆斯林婦女不能拋頭露面，不可能出來當志工。」

我說：「早年臺灣也很保守，女人多數在家相夫教子。但是行有餘力，也可以出來為社會人群付出。馬來西亞和印尼也有很多穆斯林婦女，成為慈濟志工。」

主麻說：「馬來西亞和印尼跟我們很不一樣。」

「女人走出家庭去做社會服務，加上師長的帶領，她會變得更好。」我再次強調：「很多人改變自己，變成更好的媳婦、更好的太太、更好的媽媽、更好的鄰居，她的家庭和社區都得到改善。」

主麻回應說：「這些女人的教育，都在清真寺可以做得到。」

這時文素珍進來，也加入勸說。無奈主麻還是堅持，穆斯林的女人就應該待在家裏。胡光中聳聳肩說：「還有很多努力的空間。」

二〇一八年十一月十八日，胡光中通知，隔天下午主麻請我們吃飯。

因為那時已經知道過幾天臺灣關懷大團要來，參加滿納海國際學校的開學典禮。務實的胡光中為了減輕大家的負擔，事先知會大家不必準備「大禮服」，也就是女眾穿旗袍、男眾穿西裝。一律只穿藍色上衣、白色長褲即可。「那我們帶來的旗袍就沒機會穿了？要不，明天去主麻教授家作客，我們就穿旗袍去，表示尊重。」這是我的提議，文素珍表示同意。

為了穿旗袍，我們還要多帶一雙黑皮鞋、一件藍外套、一雙藍絲襪。第二天，我倆盛裝打扮，冷颼颼的下雨天，露著小腿走到主麻家。

一進門，我們都傻眼了，他們家的「餐桌」是一塊布，鋪在客廳地毯上，所有的人都要席地而坐用餐。這是典型的阿拉伯家居布置，因為古早的遊牧民族一般不會有太多家具，以免搬家的時候太麻煩。

胡光中特意向主麻及夫人解釋，我們穿的是慈濟最高規格的禮服，表示對主人的尊重。大家笑成一團，因為我們實在沒辦法穿著旗袍坐在地上。還好他們家有沙發，我倆只好「高高在上」了。

主麻夫人氣質高雅，落落大方。她說今天的菜都是媳婦做的，自己只是幫手。甜美的媳婦看起來乖巧，她說，做這些沒有肉的菜，太簡單了。如果有肉，就比較麻煩。

阿米娜大概一歲多，含著奶嘴，很是可愛。看到許多陌生人來，只窩在爸爸懷裏，睜著大眼睛看著客人。可不一會兒，就願意被周如意抱著拍照。

午餐非常豐盛，有翻轉飯、豆子飯、沙拉、優格、酸黃瓜、還有用葡萄葉子包的小飯捲、四季豆、青椒……

每個人都有一個盤子、一份刀叉和湯匙。大家都坐在地毯上，享用道地的敘利亞美食，只有我和文素珍坐沙發，面前還有一個小茶几，余自成是我們的超級「服務員」，不時為我們添飯加菜。

敘利亞的食物我們滿能接受的，翻轉飯就好像臺灣的油飯，非常可口。葷食的翻轉飯會把炸過的雞肉或羊肉、蔬菜以及香料，先擺放在鍋子裏，上面再加上生米，加水或高湯煮熟。最後用一個大盤子倒扣出來，變成菜料在上，飯在下面。

素食的翻轉飯只放炸過的切片茄子，翻過來像一朵花，好看又好吃。

一頓飯吃了相當久，飯後食物還剩很多，主麻夫人要我們打包回家。文素珍和我都自備餐具，所以各帶了一碗，當成晚餐；周如意裝了兩大盒，余自成也包了幾包。

胡光中告訴我們：「阿拉伯人吃完飯後，都會說一句：希望永遠有盤子。」阿拉伯人吃飯不用碗，而是用盤子。「永遠有盤子」就是「永遠有飯吃」的意思。

飯後有水果，土耳其的蔬菜和水果都很豐富，也很好吃，有因緣去土耳其的人，千萬不要錯過。

壓軸是主麻坐在地毯上泡茶，白頭髮、白鬍子，優雅地泡著茶、然後一一奉茶。我請胡光中翻譯，告訴他：「你真像中國的老禪師！」

十二月五日，我們返回臺灣，但是透過群組，我們還是可以天天聯絡。

十二月十六日，胡光中突然發布一個消息，主麻的母親在敘利亞過世。因為主麻曾經參與為受圍城的東古塔募款的活動，被敘利亞政府認定他支持恐怖分子而遭通緝。

母親過世，身為兒子的他無法奔喪，心都碎了。志工們為他辦「遙殯禮」，也就是遙祭母親。

一波未平，一波又起。主麻的小兒子哈利十九日從德國回土耳其，在機場被海關攔住，不能入境，並要遣送回德國。

主麻一家人心急如焚，胡光中和哈肯奔走救援，經過十八小時，總算危機解除，順利入境。哈利和父母、大哥相擁痛哭，國難加上家裏變故，骨肉離散，真是情何以堪！

哈利停留幾天之後，要再回德國讀書，返程之前，又有一番波折。主麻心力交瘁，幸好周邊有那麼多的好朋友支持和陪伴，才不至於崩潰。

二〇一九年二月十九日清晨，余自成在群組裏發布了一個令人震驚的消息：很難過，在臺灣半夜得知我們遠在土耳其的敘利亞家人，家庭醫學科的卡薩醫師離開人世。

接著貼出一段影音視頻，卡薩醫師得知主麻母親過世，第一時間就登門致哀，兩人相對唏噓。沒想到短短兩個月後，卡薩醫師因心臟病發也走了。

胡光中陸續發布消息：卡薩醫師的大體從醫院直接送到機場，由家屬陪伴到加濟安泰普，轉由政府的車送到敘利亞境內的阿薩齊（Azazi）村安葬，那裏離他的家鄉約半個小時車程。

大愛電視臺《大愛全紀錄》企畫楊景卉寫道：「忘不了二〇一六年，第一次遇見卡薩醫師，到他家吃開齋飯的溫暖；更忘不了，他哭著跟我說，他戰火後流離失所的生命故事。」

最後楊景卉寫著：「卡薩醫師最大的心願，就是回到敘利亞的家。」卡薩醫師回去了，是躺著回去的。如此的落葉歸根，好令人心痛與不捨。

烽火連八年，有家歸不得。在土耳其的難民，超過四百萬；在伊斯坦堡大約有六、七十萬；在蘇丹加濟市大約有六、七萬人。

楊景卉表示：在蘇丹加濟市的敘利亞難民，是最幸運的一群，因為他們有全球慈濟人的愛心和支持。

全球慈濟人用點滴的愛心，打造了一艘安穩的方舟，主麻與大家同舟共濟，鞠躬盡瘁。只期待有一天，烽火止息。和平的鴿子，銜回來一枝眾所期待的橄欖枝。

阿里「巴巴」

「認識阿里市長，是二〇一四年蘇丹加濟市的教育局長亞伯拉罕介紹的。」胡光中說。

那一年，胡光中跟主麻為了敘利亞學童的教育，挨家挨戶拜訪，找出了兩百位需要就學的兒童，向教育局提出「讀書場地」的需求。亞伯拉罕就帶他們去見了市長。

阿里聽到胡光中的構想，非常認同，此後有土耳其家長來抗議，反對將土耳其學校下午時間提供給敘利亞學生讀書。阿里非常強硬，他說：「就算把刀子架在我脖子上，我還是要執行。」

半公立的滿納海學校順利在二〇一五年一月開學，胡光中向局長致謝。局長說：「應該要謝謝市長，有他的支持，我們才能執行。」

伊斯坦堡有三十九個市的行政區，蘇丹加濟市是其中之一。每個市有民選市長，也有官派市長。阿里就是官派市長，也是蘇丹加濟市的行政長官。

阿里瘦瘦的，個子不高，是個資深土耳其政府官員；胡光中高頭大馬，是個年輕的臺灣商人。兩人卻是一見如故，成為忘年之交。

有一次胡光中去拜訪阿里，看見一盒特級的椰棗，應該是聖城麥地納（Madinah）生產的。阿里二話不說，立刻轉贈胡光中。

第二天，阿里有事外出，就順道到學校看看胡光中。他看見胡光中正在分送椰棗給老師們品嘗。「來來來！市長來得正好，請吃椰棗，這可是麥地納的唷！」

兩個人會心大笑，其他人都不知道其中的妙處在哪裏，只覺得，吃個椰棗有那麼好笑嗎？

知道胡光中一九九九年土耳其大地震，曾到歌覺市和都覺市賑災，阿里說：「當時我就是災區的指揮官。」過去緣慳一面，但有緣終究會再見。而且兩人一見如故，惺惺相惜。

胡光中成為慈濟基金會在土耳其的負責人。而他為敘利亞難民所做的慈善和教育，也是全球慈濟人點滴的愛心匯集，阿里表示很受感動。

「我有個兒子叫哈肯，剛從大學畢業，是個實習律師。讓他跟在你身邊，好嗎？」阿里說：「你是個成功的商人和慈善家，我希望他跟著你學習。」

胡光中告訴哈肯：「做生意就是學做人。」其實那時胡光中已經把公司交辦給經理部屬，自己全心投入敘利亞難民工作，尤其是滿納海學校。

之後，阿里又協助慈濟成立義診中心。

胡光中說：「義診中心的房子是他朋友的，阿里介紹用很便宜的租金租給我們。」

哈肯更是不眠不休地填資料，跑公文，讓義診中心可以順利成立。

二〇一六年二月，胡光中邀阿里父子、還有亞伯拉罕到臺灣。第一次見到證嚴法師，阿里道出感恩：「因為慈濟幫助敘利亞難民，讓他們生活改善，孩子可以上學，蘇丹加濟市現在已經沒有乞丐，敘利亞人也沒有和警察發生衝突的事件。」

回到土耳其，三月七日義診中心啟業，接著為滿納海國際學校奔走。其間千辛萬苦，驚濤駭浪，阿里都是胡光中最強而有力的支柱。因為他明白，胡光中所做的，就是阿拉要做的事。

因為兩人都有相同的義氣和豪氣，英雄惜英雄。但是胡光中還是為阿里抱屈，認為他太正派耿直，常常吃大虧。「阿里脾氣很硬，不會逢迎拍馬，不會建立人脈，結黨營私。有人給他取了個綽號，叫他『阿里巴巴』。」胡光中說：「他的屬下一個個高升，只有他還在同一個位置。」

三十多年的市長，阿里待人一律平等尊重。胡光中說：「客人來訪，他一定到門口迎接，不管來的人是大官、富豪，或是窮人、乞丐。他說，因為我是公僕。」

阿里是一個很虔誠的穆斯林，準時禮拜、滴酒不沾。國父凱末爾建國之後，力推土耳其世俗化，很多官員都不做禮拜，還喝酒。對堅持不喝酒的阿里，甚至大加嘲笑。

直到艾爾多安上臺，積極推動土耳其伊斯蘭化，瞬間風行草偃，阿里跟胡光中說：「好像一夜之間，那些大口喝酒的人都變成『教長』了。」

阿里潔身自愛，不貪取一分一毫不義之財，所以擔任市長三十多年，都住公家宿舍，開公家的車，買不起自有的房子和車子，也沒有餘錢去旅遊。

兒子哈肯常不解地問：「為什麼別人都可以買豪宅、買迪奧的車，還常常去歐洲度假？為什麼你沒有錢？」阿里回答：「他們肯定有問題。」

余自成非常佩服阿里，盛讚他是一個「清官」，所以「兩袖清風」。他不止自己不貪非義之財，還常常擋人財路，所以難免被排擠。

任職警界的中歐是阿里的親姪子，擔任阿里的貼身護衛八年。他說：「小時候，家族很多人都住在一起，阿里叔叔就是一個很認真又很誠實的人。」

他說，很多學生坐火車都想辦法逃票，阿里不一樣。就算售票員不在，阿里還是自己買票，自己撕了票，再坐上火車。他一板一眼，律己很嚴。

這一點跟胡光中就很像，他恪守穆斯林「不拿利息」的教規，把臺灣花旗銀行給他的利息退還，讓銀行傻眼。

「阿里叔叔是一個虔誠的穆斯林，為人正直不阿。認識慈濟之後，曾經很感慨地說，真主阿拉要我們做的，慈濟都做到了。」申歐說。

二〇一七年八月，阿里高升到開塞利省當副省長，申歐也從警界退休。阿里讓他到滿納海擔任安全人員，保護胡光中夫婦和全校師生的安全。「叔叔要我珍惜在慈濟工作的機會，還說他退休之後，也要來當志工。」申歐說。

二〇一八年九月，土耳其慈濟基金會成立，哈肯擔任董事長。「父親曾經很感嘆地說，當了三十多年的市長，認識慈濟這三年，才真正有意義。以前三十多年所做的事，無法跟這三年比。」

我在文章裏看過阿里，也在影片裏看過阿里，更從周邊的人口述中談過阿里，只是苦無機會見到他本人。一直到臺灣第二次關懷大團來，參加滿納海國際學校的開學典禮，阿里副省長也遠從開塞利省回來參加盛會。

幾天的時間，阿里頻頻接受各種媒體訪問，我只靜靜地從旁觀察。聲音沙啞的他說的土語，我當然聽不懂。但經過翻譯，知道他讚歎慈濟，感恩證嚴法師以及慈濟志工，為敘利亞難民付出的關懷和協助。

最後一天，我請求余自成約他十分鐘，在六樓訪談。我也只問他兩個問題：第一，如果沒有滿納海學校，這些孩子將來會是怎樣的人？

他跟主麻的說法一樣，阿里說：「如果敘利亞難民孩子失學，長大後會活得很辛苦。若淪為社會邊緣人，可能會有酗酒、吸毒、暴力行為，更危險的是被吸收成為恐怖分子，製造社會不安。」

我再問：「現在有滿納海學校，敘利亞小朋友能接受教育，而且有更好的人文教育，他們將來會成為怎樣的人？」

「滿納海栽培出來的學生，將來都是各行各業的佼佼者。」阿里說：「他們會是很出色的工程師、醫師。如果他們當老師，將是最好的老師；如果是警察，一定是最優秀的警察。」

余自成說：「胡光中是真主阿拉送給慈濟最好的禮物！」

而我要說：「主麻和阿里是真主阿拉送給胡光中最好的禮物！」

附錄一　土耳其大地震

一九九九年八月，土耳其伊斯坦堡。

這一天晚上，特別的熱。胡光中翻來覆去，熱到睡不著。心裏莫名地煩躁，乾脆翻身起來，再去沖個冷水澡。

才剛睡下沒多久，就聽到妻子周如意喊著：「光中——地震！地震！快起來！」迷迷糊糊間，感覺天搖地動。他倏地爬起來，耳邊聽到一陣陣「轟轟」聲，非常恐怖詭異。搖晃愈來愈激烈，好像坐在雲霄飛車上，整個人是翻騰的；屋子裏的東西乒乒乓乓都掉了下來。

胡光中緊緊擁住妻兒，三歲的兒子胡雲凱不知地震之可怕，反而覺得很新奇、很好玩，興奮得哈哈笑起來。

劇烈的搖晃好像永不止息，胡光中想：這下大概沒命了。虔誠穆斯林的他開始用阿拉伯語念誦清真言：「萬物非主，唯有真主；穆罕默德，是主的使者。」

周如意聽不懂阿語，看到丈夫在祈禱，慌亂的心頓時安定不少。後來胡光中說：「這是穆斯林臨終前要念的清真言，如意要知道，她準會嚇死。」

「那四十五秒的地震，我感覺像一個世紀那麼久。」周如意說。

地震終於停了。「快走！」一家三口不敢搭電梯，從四樓樓梯走下來。突然，眼前一片漆黑，原來停電了。小心翼翼摸黑走下來，在二樓遇見一對希臘籍的老夫婦，老人說：「我們以前在家鄉也碰到過地震，但是沒有這麼可怕。」

下了樓，只見人們都湧到戶外來。胡光中開了車，帶了妻小，直往山坡上去。一直到覺得安全的地方才停了下來，打開收音機，收聽到的都是地震的消息。

胡光中撥了電話回臺灣，打算跟家人報平安，但怎麼都打不通。「可能斷訊了，也可能網路塞爆。」胡光中說：「奶奶、爸媽，還有如意家人，一定急壞了。」

在山上待到天亮才回家，幸好家還在，但是餘震不斷，仍是不敢住。拿了衣物和帳棚，一家人到海邊紮營。那一段期間，一千八百萬人口的伊斯坦堡，一片漆黑，但也成了一個最大的露營場。

周如意說：「那時候也沒想到萬一來個大的餘震，發生海嘯，我們不就死定了嗎？」

在海邊又住了三個晚上，才忐忑不安地回家去。收拾好掉下來的東西，坐下來打開電視，畫面呈現的盡是滿目瘡痍、哀鴻遍野，真是慘不忍睹。

罹難者的數目一直往上飆升，胡光中的心也跟著哀傷心痛地跳。看到世界各國紛紛送來物資，救難隊也進來援助。但災區太廣，救難隊和機具都有限，很多家屬等不到救援，只好徒手挖掘，挖到滿手鮮血；而埋在瓦礫堆下的親人，正一分一秒地逐漸失去生命。

「臺灣呢？臺灣有能力啊！怎麼沒有來呢？」「救援土耳其，臺灣在哪裏？」自謙一向國文欠佳的胡光中，竟然在半夜裏洋洋灑灑地寫了一篇投書，以傳真寄到臺灣的《聯合報》去，呼籲臺灣趕快來加入人道救援。

這篇投書，在一九九九年八月二十三日的聯合報登出來。

救援土耳其，臺灣在哪裏？

胡光中／臺商（土耳其伊斯坦堡）

八月十七日凌晨三點，忽然在一陣櫃子的搖晃聲中被驚醒，睜眼一看，整個世界好像都在上下左右不停地晃動，擁抱著太太孩子在那致命的四十五秒鐘裏，口中念著「萬物非主，唯有真主」，幾乎已經可以確定房子一定會倒了……

緊接而來的大停電，使伊斯坦堡陷入一片漆黑，帶著家人開著車子往空地上跑，途中所見男女老少全上了街，除了可看到他們眼中的驚恐外，似乎大家都在慶幸自己逃過了一劫，誰想得到呢？四十五秒內會造成至今一萬三千人的死亡，五千人的失蹤，六萬人的受傷！

五天過去了！路邊的咖啡廳不再放音樂，取而代之的是清真寺叫喚人們替那些逝去的人做追悼禮，電視新聞不斷播放傷亡的人數，從五百人到三千到六千到目前一萬多，心情真是跌到了谷底。

土國政府救援工具不夠，有些稍偏遠的地方，根本已經放棄救援的行動，倒塌的大樓前坐著那些已欲哭無淚的人們，無懼於那陣陣的屍臭，因為那是他們的親人啊！

直到看新聞，有一男士在地震後九十六小時奇蹟似地存活，突然驚覺，一萬三千死亡的人裏，有很多人並不是當場走的，而是在那漫長等待救援中，慢慢絕望而去！

至今為止多國政府已派救援部隊及物資運送到土國，我們臺灣呢？為了政治目的，我們可以花去三億美元，難道我們政府不能本著人道精神幫幫這些受難的人嗎？這裏有太多等待救援的人，希望大家發揮一下愛心吧！

這天清晨，住在桃園蘆竹的胡光中奶奶陶菊隱下樓拿了報紙，到二樓臥房閱讀。

「立婉！」陶菊隱從樓上下來，呼喚著媳婦：「你看看這報紙……」

「媽！不看報啦！我得趕快去學校。」葉立婉是附近大竹國中的退休老師，她趕著要去學校：「回來再看。」

「土耳其臺商，胡光中！」陶菊隱說：「你兒子的投書。」

「真的？」婆媳兩人並肩細細讀著，又驚異又歡喜。

「小洋（胡光中的小名）啊！你的投書登出來啦！我們都看到了。」葉立婉歡喜地打電話給兒子。當天晚上，做媽媽的也寫了一篇投書，在二十五日的聯合報登出來。

援助土耳其　不需三億大手筆

葉立婉／退休教師（桃園蘆竹）

閱畢八月二十三日民意論壇的「救援土耳其，臺灣在哪裏？」一文，內心著實感慨不已。

我政府口口聲聲要辦好務實外交，難道這不是一項十分有意義的工作嗎？民間已有行動，但我政府以「人道援助」掩護「政治目的」眉頭都不皺一下，就可以捐出三億美元援助科索沃。

但對土耳其的災變，為何遲至今日還未見有任何舉動呢？土耳其也有臺商，還有僑民，難道我政府不能適時伸出援手，贏得國際人民的讚許，並獲得土耳其朝野人士的友誼嗎？

胡光中母子倆的投書，引起了很大的迴響，當時的外交部長胡志強在飛碟電臺做了回應：「不是臺灣不去救援，而是土耳其政府婉拒我們……」而外交部新聞文化司也在二十六日聯合報投書回應：救援土國，政府早已有行動。

「救援土耳其，臺灣在哪裏？」證嚴法師戴上老花眼鏡，仔細地讀著：「伊斯坦堡臺商胡光中？」

法師輕聲說道：「土耳其發生地震，我們就傳真請阿貴他們四人小組立刻去勘災。這位胡先生一定不知道，快！叫阿貴（謝景貴）想辦法找到他。」

「四人小組」是慈濟基金會的職工——謝景貴、陳竹琪、陶凱倫、李彥學。他們來到素有「歐洲火藥庫」之稱的巴爾幹半島，踏上多年爭戰方才結束的科索沃。當時科索沃百廢待舉，醫療援助更是迫切急需。

土耳其地震第二天，他們正和法國世界醫師聯盟，討論雙方合作的醫療方案。突然接到來自臺灣慈濟基金會的傳真：「土耳其於八月十七日凌晨三點，發生芮氏七點四強震，近四萬人死傷，六十多萬人無家可歸……」又囑：「事情告一段落，無須返臺，即刻啟程到土耳其勘災等等。」

八月十九日，謝景貴等人先到馬其頓，透過使館人員協助，順利進入土耳其，由臺灣外貿中心主任黃文榮負責接待。

黃主任介紹了當地的慈善組織紅新月會配合，接著幾天，四人小組深入災區展開調查。

八月二十三日，謝景貴等人又收到花蓮的傳真，希望他能找到臺商胡光中……透過黃文榮主任，表示沒問題，他們很熟。
胡光中說：「他們要找我，我也正要找他們呢！」原來胡志強在廣播中回應了胡光中的投書，也立即知會土耳其代表處，向胡光中解釋難處。代表處告訴胡光中，臺灣慈濟基金會已經來了幾天了，由貿易中心黃文榮安排他們住宿和交通。
二十四日，投書發表的第二天。胡光中找到黃文榮後，直撲「四人小組」住宿的飯店。但是他們都到災區去了，於是胡光中決定晚上再跑一趟。
「慈濟？」胡光中心中想著：對了！在利比亞的時候，有位臺商施鴻祺也跟他介紹過，還給他慈濟出版的雜誌；回到臺灣也曾在當兵時的海軍總部碰過慈濟志工在宣導骨髓捐贈。
啊！還有……胡光中想起來，一個月前，伊斯坦堡舉辦電子商展，有位來自上海的臺商邱玉芬，兩人攤位就在斜對角。三天展期，邱玉芬都不顧自己的生意，一直跑來跟胡光中介紹慈濟。說到激動處，還淚流滿面。
「我回上海再寄資料給你。」邱玉芬承諾著。

胡光中想到這裏，不禁跳起來：哎呀！昨天收到的包裹，應該就是邱玉芬寄來的慈濟資料吧？

他立刻驅車回到公司，打開包裹，果然是慈濟的出版品。他喜出望外，帶著「禮物」，再到飯店，見到謝景貴等四人。大家相互擁抱，有如他鄉遇故知，一點也不感覺陌生。

「我不知道你們這麼快就來了，還投書抱怨臺灣沒來救援。」胡光中說。謝景貴趕緊邀他：「是上人（證嚴法師）要我們找你，希望你跟我們一起賑災。」

胡光中欣然同意，但是他說：「很不巧，明天我有事要到安卡拉去。這樣吧！我的車借給你們用。」說著掏出車鑰匙遞給謝景貴。

「我們不知道路，有車也沒有用。」謝景貴謝了好意，說：「等你回來，我們一起為災民盡心盡力。」

之後幾天，胡光中開著車，載著他們四人深入災區。了解災民的需求，不斷回報花蓮本會，擬訂中長期的救援計畫。

「在災區盡是斷垣殘壁，空氣中都是屍臭味。」胡光中沒見過如此大的災難，著實被那怵目驚心的景象嚇住了。這樣的家毀人亡，要怎樣救啊？一整天的奔波，大家都累得精疲力盡。胡光中建議：到我家吃飯，讓我太太如意幫你們做好吃的素菜。

多久沒有吃到臺灣口味的家常菜了，四個人備感親切，覺得每道菜都是人間美味，不一會兒就快盤底朝天了。周如意見狀，趕緊加菜，再端出來一桌的菜，也是很快就吃得「乾乾淨淨」。

胡光中覺得詫異又好笑，悄悄跟妻子說：「他們餓壞了，再煮再煮！」

「不了！不了！今天吃太飽了。我們會把飯菜吃光，是基於『惜福』，不要浪費。」

「惜福」！胡光中在慈濟人身上學到的第一課，令他印象深刻。

土耳其大地震，第一時間進入救災的是隔著愛琴海的鄰居——「世仇」希臘。其他國家的救難隊及物資，也爭取最快時間抵達災區，搶救生命。

秉持國際賑災的「重點」原則，謝景貴等人在胡光中陪同下，到歌覺市（Golcuk）、阿牟希拉省（Avcilar）和伊茲米特市（Izmit）進行勘災。

李彥學在《大愛映星月》一書中寫著：「一進入伊茲米特，垃圾、腐臭味彌漫在空氣間。街道兩旁，怪手、起重機不斷發出轟隆的巨響。救難人員從最高處向下一吋吋挖掘；有些建築物機器力有未逮，便由市民拿著鐵鎚、鏟子、甚至雙手，將倒塌的房屋一一挖開。整條街道沒有其他活動，有的只是不斷地挖掘、挖掘，一公里外、兩公里外、三公里外，景象沒有改變。」

經過評估，災民急需的是帳棚、醫療、防水床墊和毛毯。慈濟基金會急匯美金十萬元，讓他們採購床墊和毛毯。

謝景貴說起一件好笑又感動的事。勘災時，一天中午，五個人將一張毯子鋪在公園地上，就地野餐——吃三明治。

三位警察走過來，拿了兩件毛毯要給他們。原來有人看見五個東方人，只有一條毯子，就好心地去「報警」，希望警察去救助他們。

「警察把我們當災民啦！」謝景貴說：「經過解釋，才知道誤會一場。我們是從臺灣來，要救助災民的慈濟啊！」

經過仔細地詢問、訪價、議價，採購了三千條毛毯和床墊。並在軍方和行政長官的協助下，取得了災民的名單，在伊茲米特和阿牟希拉兩個災區進行發放。

為了表達對災民的關懷，謝景貴等人特地準備了三千張證嚴法師的慰問信，由團員簽名以供驗證。由於數量太多，胡光中和妻子周如意也幫忙簽名，大家笑說：「這一天的簽名比一年簽的還要多。」

簽完名，再蓋上發放地點的地址和慈濟的印章，以便做雙重認證。

發放時，胡光中站在一旁協助，看著謝景貴、陳竹琪、陶凱倫、李彥學以九十度的鞠躬把物資送給災民，覺得不可思議。

「小胡！來！你也來發放。」謝景貴招呼他：「讓你親手布施。」

「布施」是佛教用語，聽在胡光中這個穆斯林耳中，覺得怪彆扭的，於是他連忙搖頭說：「你們發就好了。」

「來嘛！體會一下，親手發放的感覺。」謝景貴教他：「要說感恩！謝謝喔！」

胡光中說：「我知道，當他們說感恩時，我會說『不客氣』……」

「不對。」謝景貴笑了：「是我們要向災民說感恩。」

「啊？」這簡直大大顛覆了一般人的想法，胡光中百思不得其解。為什麼布施者要向受施者說「感恩」？

「這些災民，原來什麼都有。有房子、有車子、有親人，但一場地震，短短四十五秒，全部化為烏有。他們教給我們，什麼是無常。他們是我們的老師，難道不該心懷感恩？」

胡光中心領神會，又上了一課。

土耳其人誠實又不貪，有的人不缺毛毯，就直言婉謝；有個婦人還特地送來一盆鮮花向慈濟人致謝。

最有趣的是，胡光中見到一位行動不便的老奶奶，就體貼地幫她提著毛毯，陪她回家。兩個人走啊走、繞啊繞。突然老奶奶問他：「你要去哪裏？」

胡光中回來說給大家聽，所有的人都捧腹大笑。

在跟慈濟人相處的這一段時間，胡光中看到他們積極、謙虛、惜福的態度，讓這個自小生活在伊斯蘭家庭，十六歲就到利比亞讀了八年書的穆斯林，對佛教的看法完全改觀。

「原來佛教不僅在拜佛、念佛而已，更是實際以行動付出。」胡光中說：「因為證嚴法師認為，經是道，道是路，路是用來走的，不是念給菩薩聽的。」

八月底，謝景貴、陶凱倫、李彥學、陳竹琪在發放告一段落後，返回臺灣。

土耳其地震過去一個月了，許多救難團體紛紛撤離。但是慈濟基金會謝景貴和邱國氣兩人小組又回到當地，為的是要進行中期和長期的計畫。

九月十八日，馬來西亞的郭秋明（法號濟航）、新加坡的李志成先到伊斯坦堡，之後英國的黃丁霖，還有慈濟志工全球總督導黃思賢，也陸續抵達。

李志成回憶說：「我和濟航看到阿貴和國氣時，覺得他們好可憐。住在一個簡陋的旅館，弄一個小小的鍋子，自己煮素菜吃。」

一鍋飯菜吃剩的，下一餐熱一熱再吃；吃不完第二天熱一熱再吃……李志成和郭秋明就想辦法去買菜，很克難地煮了新鮮的食物，慰勞辛苦的弟兄。

從事建築業的李志成，此行是為了大愛屋興建事宜。因為馬上要進入冬天了，希望災民有一個堅固的房子可以安身，進而安心。身心安頓了，才可以計畫今後要怎麼重新開始，那就是「安生」。

「我以前投書，問土耳其地震，臺灣在哪裏？」胡光中很感動，說：「你們不但來了，還做到現在。其他國家都回去了，臺灣還在這裏啊！」

謝景貴答道：「上人說，慈濟就是走在最前，也要做到最後。」然後又哈哈笑起來：「我們來的時候，還有人問，你們來賑災嗎？你們的狗呢？」

原來當時來自東方的四個年輕人，沒有裝備，更沒有帶救難犬，難怪會被質疑。如今不但已完成了防水墊和毛毯的發放，還要蓋大愛屋給災民安居，實在叫胡光中刮目相看。

至於蓋「大愛屋」，胡光中說，土國政府有兩派不同的意見，一是主張蓋永久屋，一是主張蓋簡易屋。兩派爭執不下，各有其理由。不管土國政府採取哪種方式，慈濟一定會以災民的切身需要為考量。

一九九九年九月四日到六日，慈濟在臺灣發起「馳援土耳其，情牽苦難人」街頭募款活動，志工捧著愛心箱，走入大街小巷，走到車站、超商、夜市……懇切呼籲：募您一分善念，援助土耳其，也為臺灣祈福。

在美國，各大城市的慈濟志工，也在華人聚集的餐館、超市等地展開大型街頭勸募活動。馬來西亞、泰國、加拿大、英國、澳洲、南非……則從八月底到十月中，紛紛以街頭勸募、義賣、感恩晚會、愛心宴等方式進行募款。

熱烈響應的人很多，讚歎鼓勵的人也很多，足見臺灣人愛心滿滿。但是也有少數人持著不同的看法，冷漠以對；更有不理性的人，對志工惡言相向，甚至推擠、作勢要打人。

「土耳其在哪裏？你指給我看！」「土耳其跟我們什麼關係？為什麼要

去救他們？」「你們都去救國外，不救臺灣？」

志工面對挑釁，忍受羞辱和責罵，依然保持風度，淺笑以對：「謝謝您！感恩喔！」

證嚴法師心疼弟子，痛心勉勵道：「不要講慈濟救國外，不救臺灣啊！為了天下苦難眾生，你們是穿著『柔和忍辱衣，在街頭修行啊！』」

九月初，由網際網路上得知全球慈濟人援助土耳其活動，陸陸續續展開，胡光中更是澎湃激動，指著那些手捧勸募箱，身著藍天白雲的慈濟人照片，驕傲地告訴土耳其友人：這些要幫助土耳其的臺灣人，是我的同胞！

他說：「當時，我感受到如海潮拍岸般的激動湧上心頭。」

二十日晚上，一夥兒人正商討大愛屋的細節時，電話響了，是胡爸爸打來的：「小洋！臺灣發生大地震，臺北有大樓倒了，中部災情更慘重……我們家人都平安，你安心吧！」

胡光中驚懼地複誦：「臺灣？大地震？大樓倒了？災情慘重？」大家都停下手邊的工作，看著胡光中。

打開電視，轉到CNN，果然快報已經報導臺灣大地震的消息：臺灣時間九月二十一日清晨一點四十七分，發生芮氏規模七點三的地震，震央在南投集集……

邱國氣等人趕快打越洋電話回家。臺灣天亮後，謝景貴更迫不及待打回花蓮本會，請示證嚴法師：是否趕回臺灣，共同救災？

「上人給我們的指示是：『堅守崗位，各盡本分』。」謝景貴說：「我們要信守對土耳其的承諾，把大愛屋蓋好。」

臺灣九二一大地震的消息在土耳其媒體，以頭版頭條報導出來，並且詳述慈濟基金會救援土耳其的善行。讚譽志工「心在臺灣，身在土耳其，這才是真正的人道救援。」

胡光中說：「我們的手機一直響個不停，慈濟在土耳其勘災、賑災所認識的朋友，紛紛來電關心，我們接受了好多好多祝福，溫暖了我們的心。」

土耳其政府也立即派遣四十五位救難隊搭乘專機飛到臺灣，他們在彰化縣員林龍邦富貴名門大廈崩塌的廢墟中，冒險救出受困五十小時的四十四歲婦女廖素英。

「我感到『施』與『受』不再是單向的，愛的回報力量是如此之大。」

慈濟工作小組經過約十天的覓地，居然在歌覺市出現一塊超乎理想的土地。地主是退役軍人森（Sen）先生，兩個孩子在地震中往生，五層樓房也成危樓，目前住在帳棚裏。森把哀傷化作力量，白天都去當義工。

森也把自己的土地借給政府使用，軍方正在整地畫線要搭建帳棚區。經過與政府和軍方開會溝通，同意讓出土地給慈濟蓋大愛屋。而且水電都沒問題，十月六日簽約，真是上蒼保佑。

土地有了著落，又要開始尋找營建廠商。經過幾家廠商就設計、材料、工期、價格協商，主談者為建築業出身的李志成，他專業的說明，令廠商佩服又讚歎。

最後決定跟經驗豐富、規模宏大的伊斯同（Iston）合作。伊斯同主要做市政府相關的工程，也有自己的工廠，包括公園設計、房屋承造、衛浴設備、下水道水泥管、家具等。

因為總戶數高達三百戶，所有的善款都是全球慈濟人點滴募來的，所以在議價時，李志成是戰戰兢兢，錙銖必較。一定要做到品質好、價錢合理。

「我發現排水管的預算特別高，後來才知道，他們採用的是他們自家生產的抗高壓水泥管。」李志成說：「其實在末端，用便宜的塑膠管就可以，不必用到昂貴的抗高壓水泥管。」

本來伊斯同公司的人認為：你們基金會的錢是大家捐的，又不是你們私人拿出來的，何必那麼計較和堅持？

他們用一般商場的方式和態度在談「生意」，後來李志成把臺灣街頭募款的照片給他們看，募款箱倒出來的，很多是一元、五元的零錢；阿貴也把全世界各地勸募的影片播放出來。

慢慢的，討論就比較順暢。議價時，一有問題，李志成就打越洋電話和臺灣的工程師討論。當年還沒有網路電話，所以那一個月，李志成的電話費高達二十多萬。

「但是很值得，我們省下了兩千多萬。」李志成欣慰地說：「我們用誠懇的心，讓他們了解慈濟，因此溝通雖然很困難，但是都說服他們了。」

議價完成，又看過樣品屋後，大家都覺得踏實而安心。十月九日，謝景貴和伊斯同總經理蘇利亞簽約，共同建造三百戶大愛屋，十二月底完工。

十一月底，工地來了三位訪客，是本地德沙納小學（Tersane）的老師，來請求為他們毀損的學校蓋四間簡易教室。目前，他們使用的是空地上的兩頂軍用帳棚，就算分上下午班，一千六百個學生還是擠成一團。

在建造期間，李志成又來土耳其一趟，這一趟來是來「監工」的。他發現營造廠所做的跟原來的期待有落差，於是一件件提出改善的要求。

「你們條件太高了，這是要蓋給災民住的……」

「就因為是要蓋給災民住的，我們才更要要求品質。」李志成說：「雖然我們彼此不認識，但我們要把他們當成親人、家人。」

李志成苦口婆心，把慈濟的精神一一舉例給他們聽：「我們要送二手衣給中南美洲，每一件衣服一定是乾淨的。或者要洗過、燙過，如果少了一顆鈕釦，找不到相同的，就會整排換掉，這就是尊重。」

謝景貴說：「他們聽進去了，有一次我發現大門的後鈕，本來只有兩個，後來他們裝了三個，這樣比較牢靠；窗戶也從鐵框變成品質更好的，防水防鏽的壓克力材質窗框。他們也想為自己的同胞盡心力。」

工程期間，慈濟全球志工總督導黃思賢也來了，發現偌大的工地沒有慈濟旗幟，就請工人掛了一面。他說：「這樣菩薩要來保佑工地，才不會迷路。」惹得大家哄堂大笑。

阿拉丁很細心，也在慈濟先遣人員住的貨櫃屋門上，貼了兩個慈濟標誌，門上又貼一個。遠遠望去，就像兩個眼睛，一個嘴巴的笑臉。

臺灣九二一大地震，雖然胡光中和周如意家都平安無恙，但是畢竟是自己生長的故鄉，所以他們還是想回去臺灣看一看。

十月二日，胡光中帶著妻子和兒子回到臺灣，臨走前，謝景貴請他去見證嚴法師。十月七日，胡光中帶了奶奶、爸爸、岳母，加上妻子周如意和兒子胡雲凱，一行六人浩浩蕩蕩來到慈濟臺中分會。

證嚴法師說：「感恩胡居士和胡太太，你們在土耳其那麼細心地照顧阿貴他們——」

「那是我們應該做的。」不等說完，胡光中就打斷法師的話，說：「『大師』，我想請問您，慈濟精神是這麼樣的好，但土耳其是一個伊斯蘭教的國家，我也是一個穆斯林，我要怎樣才能把慈濟精神帶回去土耳其？」

證嚴法師輕輕地說：「人的心裏面都有很多隔閡。我年輕的時候住在鹿野，那裏有一座教堂，我每天經過教堂的時候，都會深深一鞠躬，表示崇敬。如果把宗教、膚色、語言、國籍拋開放下，那就只剩下一個字——愛！」

胡光中點點頭。法師再問：「穆斯林有沒有講『愛』？」

「有！」

「那就對了，把『愛』帶回去，就是把慈濟精神帶回去。」

「法師真的胸襟寬大啊！」胡光中還說：「大愛屋設計草圖送回花蓮時，法師指著東邊入口處問：這是什麼？知道是要蓋警衛室和清真寺，立刻指示：把清真寺改到社區中間，這樣大家來作禮拜都方便。」

一個月後，十一月初，胡光中攜妻兒返回土耳其。沒想到回來幾天，十二日下午，又碰上另一場大地震。

「這次震央在都覺市，在土耳其的中北部，我們並不感覺很大，結果卻是傷亡慘重。」胡光中說：「規模七點二，搖了三十秒。」

因為已經入冬了，天氣非常冷，災民急需的是毛毯、睡袋和帳棚。市面毛毯已經缺貨，胡光中聯繫他熟識的廠商，一家家向同業調貨，最後調到五千條毛毯。

「那天我半夜出發，先到歌覺市接慈濟人，然後向都覺方向的山上開去。」胡光中回憶道：「那天特別冷，已經是零下了吧。不快點把毛毯送去，那些災民怎麼辦？」

卡車在路上奔馳，兩旁的樓房似乎搖搖欲墜，「萬一來個餘震，房子倒下來，我們會被壓成肉餅……」胡光中念頭一起，馬上被打斷：「不會的，阿拉會保佑我們，因為我們是在做善事。」

除了半路有軍方攔查外，其他一路順暢，幸賴當地熱心人士協助，一千五百條毛毯也順利發放。

那天，回到伊斯坦堡已經是半夜了，胡光中雖然感到很累，心情卻是愉快的。

第二天發放，周如意和四歲的凱凱也同行。阿拉伯的婦女向來是不會公開「露臉」的，周如意的出現，當然引起很大的矚目。

而如今在安卡拉讀大學的胡雲凱，對小時候去災區的印象最深刻的是：「我把家裏的玩具統統送給小朋友了。」

「因為從伊斯坦堡到都覺市，車程就要三個小時，所以我們必須半夜就出發。」胡光中解釋說：「如果發放進行的順利，發完回到家，也是第二天凌晨了。」

可惜這次發放非常不順利，災民怕領不到，秩序有點失控。另一是附近災民風聞跑來，不在名冊上的人也表示急需毛毯。幸好經當地長官安撫溝通後，在兩個發放點，一一發出。

另外軍方不准私人發給救援物資，有些團體的物資已經被沒收，由軍方保管，統一發放。幾經溝通，軍方才容許慈濟自行發放。

天氣愈來愈冷，災民如何過冬？證嚴法師心急如焚，指示盡快安置災民。謝景貴報告：「興建大愛屋必須與政府溝通，請其提供土地，還要設計才能發包，恐緩不濟急。若是搭建帳棚，速度會快很多。」

證嚴法師同意，但必須尋找堅固防寒的帳棚，讓災民住得安心。

幾經訪查，覓得三層材質的帳棚，可防寒零下四十度、也可防熱四十度，且室內空間夠大。

採購了兩百頂，胡光中天天去監工。有一天，突然聽廠商說「無法交貨」，因為軍方將帳棚列為「戰略物資」，強行徵購。

謝景貴得知消息，立即趕到工廠，交涉無果，急得像熱鍋上的螞蟻。邱國氣問他：「軍方拿了帳棚做什麼用？」

「救災啊！」

「那不就得了！一樣發給災民，我們發，他們發，不是一樣嗎？」

還真不一樣，歌覺市政府苦苦哀求說：「軍方是全災區考量，給我們一定不夠。請無論如何想辦法，給我們兩百頂吧！」

因為工廠人力不足，大陸留學生孫健偉、臺灣留學生金迎鋒各去動員同學來，胡光中也去住宿學校邀請學生來幫忙。另外，企業家朋友支援巴士做交通工具。

學生幫忙把帳棚拉開以利車縫，生力軍一來，果然速度飛快，大家都很有信心。

「佛教慈濟基金會」中英對照的標誌，設計得精美大方。「阿貴問我，住在這種帳棚，你會不舒服嗎？」胡光中說：「我回答，不會啊！怎會不舒服呢？」

「穆斯林住在『佛教』裏面，一般人都跟你一樣嗎？」
「噢！那可不一定……」
後來印刷出來，「佛教」兩個字不見了，只剩下「慈濟基金會」。胡光中感動地說：「設想真周到，連這種細節都想到。」
市府派重機械一邊整地，帳棚繼續趕工。一位員工更是在結婚當天，舉行完婚禮，把新娘丟下，立刻又趕到工廠加班，實在令人感動。
「我們的帳棚不是度假用的，一個人就可以搞定。」胡光中說：「是三層防寒的，一頂就一百八十公斤，要好幾個人合作才架得起來。」凜冽的寒風夾著細雨，架帳棚的手被凍僵，喝喝熱紅茶，繼續打拚，只願早日讓災民進駐。
白色滾紅邊的帳棚一頂頂矗立著，眼看就要完成，卻連續遭逢兩次暴風襲擊，帳棚被吹得東倒西歪。邱國氣說：「我們做國際賑災，都是他人受災，這次自己變成『災民』了。」
所幸帳棚結構體堅固無損，經過增加營釘和鋼條固定，就安全無虞了。

二〇〇〇年一月十三日，歌覺市慈濟大愛村和德沙那小學四間簡易教室落成啟用。

慈濟關懷團由世界各地趕來，擔任團長的侯博文還在此行戒菸成功，獲得大家讚賞。團員中最受矚目的就是謝景貴的母親劉怡君，母子相見相擁，好不歡喜。

「人家是『千里尋母』，阿貴媽是『萬里尋子』。」大家忍不住爆出如雷掌聲。

災後四個月，歌覺仍有許多危樓，倒塌的房屋已剷平，災民多數住在帳棚。大愛村及校舍落成，歌覺市市長、伊斯坦堡市長、海軍將領……都來了。會場張燈結綵，布置得喜氣洋洋，有如嘉年華會。

德沙那小學很多老師往生，校長也罹難。捐贈由手語及恭讀證嚴法師慰問信拉開序幕，贈鑰儀式由教育廳長接受，慈濟援建四間簡易教室，讓學生可以學習不中斷，老師代表致詞說：「你們的無私大愛，全校師生都永遠感佩在心。」

大愛村捐贈也是如此，在慈濟及各首長致詞後，贈鑰、啟鑰。在災後一無所有的當下，獲贈一棟約十一坪大的房屋，還附贈電暖爐、熱水器、床組等家具，很多人都不敢相信，以為是在做夢。

有一位婦人捧著一盆白色的玫瑰花來，說要送給證嚴法師。地震當下，她被困在瓦礫堆中三小時，在絕望時，從細縫中看見白玫瑰，給她求生的希望和勇氣。

她終於獲救了，雖然失去所有，但她還有一顆感恩的心。慈濟給她嶄新的房子，她以白玫瑰回饋。

紀念碑以土耳其國旗覆蓋，揭碑之後，映入眼簾的是以英文和土耳其文書寫的文字，敘述臺灣慈濟人道援助的義行。

十四日，是都覺市兩百頂帳棚捐贈。前一天下過雪，銀白世界美不勝收，氣溫接近零度。

在慈濟志工的手語歌帶動之後，一個小女孩主動表示她也要唱一首歌，獻給臺灣來幫助他們的大朋友。雖然大家聽不懂土耳其語，但都能感受她的感恩和祝福。

關懷團員親自擔任發放的任務，發放的物資有各式日用品、晒衣架、兩組床具，最特別的是滅火器，因為帳棚區經常發生電線走火而釀災，未雨綢繆，每戶都送滅火器，以保安全。

都覺市山上的居民熱情好客，老爺爺端著熱紅茶跟前跟後請大家喝，婦女們拿出麵包和甜點請大家享用。

來自澳洲的紀雅瑩到各帳棚唱「祝福你、無量壽」，獲得很多擁抱。來自臺灣臺南的林春雪更妙，一個用臺語、一個用土耳其語，竟然可以聊上一個小時，據說還「相談甚歡」。

晚上，承造大愛屋的伊斯同公司，請慈濟人到中國餐廳用餐，表示對慈濟的肯定和感謝。

總經理蘇利亞還拿了一本厚厚的簡報，是前一天慈濟捐贈大愛屋的媒體報導。他還說，很多電視臺也大篇幅報導了這則消息。

土耳其慈濟聯絡點誕生了！

二〇〇〇年的一月十五日，邀請了所有幫助過慈濟的廠商和朋友，在大汝利亞飛飯店（Daruzziyafe Kanuni Salonu）舉行感恩會和慈濟土耳其聯絡點成立大會。

大會會場布置得溫馨典雅，忽然有人低聲說：「怎麼沒有請上人來？」是呀！少了證嚴法師的法相。

這時紀雅瑩說：「我有！」她從皮夾裏掏出一禎證嚴法師的相片，雖然不大，但是經過巧手布置，法師高高端坐在正中央，慈眼視眾生，大家都很歡欣。

伊斯同公司來了十三位、其他基金會、留學生、志工等，加上關懷團，六十多人濟濟一堂，好不熱鬧。

「慈濟發祥地，禮拜靜思堂……」聽到慈濟會歌，許多人都感動得熱淚盈眶。

黃思賢談成立聯絡點的因緣和未來的期許，謝景貴分享近半年來的點點滴滴，真情告白讓人落淚。

蘇利亞總經理讚歎慈濟人的用心和投入，還特別形容阿貴像個圓形的「炸彈」，在他身邊滾來滾去，不知何時會爆炸？

「最後我們決定不計成本，捐熱水器、兒童遊樂設施、公園椅、鋪設連鎖磚、鋪地毯等多項禮物，就是想給阿貴驚喜……」

謝景貴衝上去和蘇利亞緊緊相擁，英雄惜英雄，惹得現場的人又哭又笑。

「授旗——」黃思賢將慈濟會旗交給胡光中，又在法師相前，點燃心燈，遞交給他，象徵燈燈相續。佛教慈濟的任務和使命，奧妙地落在一個虔誠穆斯林的身上。

成為慈濟在土耳其的負責人，胡光中感恩真主阿拉，給他這樣的機會。

他說看見慈濟無私的奉獻，大愛的力量已經超越宗教的隔閡。

晚上參加了感恩土耳其救難隊的茶會，臺灣九二一地震第二天，他們搭乘專機到臺灣投入救災，並成功救出受困五十多小時的婦人，成為一段佳話。黃思賢送上法師的福慧紅包和慈濟的紀念品，他說：「人道援助不分你我，足證『人類的希望就是互助』。」

周如意說：「成立聯絡點後，我們每個月都去發放。臺灣和大陸的留學生有空都來參加。」胡家也成了留學生的家，除了吃到中式的家常菜，還有家的溫暖。「曾經有十九個人一起留宿，客廳、走道都睡滿了人。」

有一個來自中國的留學生孫健偉自己承認：「剛開始，我不了解慈濟，心想，我要看看你們在搞什麼鬼？結果讓我大大的感動啊！」

「臺商也很支持我們，在這段時間，又有一位發心菩薩出現了。」周如意說：「他就是余自成師兄。」

余自成是慈濟在臺灣的老會員，在他鄉異國得遇慈濟，備感親切，也一頭「栽入」，和胡光中、周如意成為慈濟在土耳其的「鐵三角」。

一場地震，震出了無比美好的因緣，也震出了慈濟在土耳其愛的種子。

二十年後，當年年輕的女記者陳竹琪，現在已經是大愛電視臺新聞部的經理。這天，她和攝影記者萬家宏跟著胡光中夫婦，再度踏上被地震蹂躪過的土地，尋找當年愛的足跡。

「歌覺市的三百戶大愛村早已拆除，現在是一所高職學校。」胡光中憑著記憶，找到當時大愛村的遺址。

當採訪小組告知是來自臺灣慈濟時，警衛立刻通知校長。校長熱烈出迎，並帶大家去看大愛村僅存的一方地基。

「地震後，臺灣來蓋了大愛村，後來政府及其他慈善團體也蓋房子給災民住，都選擇蓋在大愛村的周遭，形成一個大的村落，叫做『臺灣村』。」校長說：「直到現在，這裏的巴士站站名就叫『臺灣村』。」

大家聽了都很感動。接著去拜訪北漢太太，她是胡光中和周如意二十年來持續不斷的「個體照顧戶」。

北漢太太的先生和女兒在地震中罹難，她自己也失去了一隻手。在同住的母親和兒子又相繼離世之後，北漢太太成為獨居的老人。

孤苦的她一直還有一絲盼望，就是穿著藍上衣、白長褲的臺灣「兒女」，經常來探望她，給她送來物資和溫暖的陪伴。

最近幾年，胡光中忙於敘利亞難民的慈善、教育和醫療，訪視就沒有那麼頻繁。北漢太太說：「我相信，你們不會把我忘掉。」

在更遠的都覺市，地震後，慈濟搭建了兩百頂帳棚讓災民安居，當然事隔二十年，早就拆除一空了。但是不可思議的，還有帳棚區的「故人」主動出來「相認」。

那是在二〇一五年十二月，臺灣關懷團到土耳其，當地教育局安排拜訪米瑪（Mimor Sinan）學校，進行交流及用餐，一位女老師驚喜地握住慈濟人的手說：「我認得你們，我認得你們的衣服……」

原來這位法蒂瑪老師當年就住在都覺市，他們家的房子倒了，後來分配住進了慈濟蓋的帳棚。當年還在外地讀大學的法蒂瑪，「回家」的時候，媽媽都會跟她講慈濟人的關懷，讓她印象特別深刻。

當年的大學生，二十年後，已經是兩個孩子的母親；而她的母親，也已經過世。採訪小組聯繫後，登門拜訪。

法蒂瑪拿出縫著漂亮花邊的潔白毛巾說：「這是媽媽給我的嫁妝之一。」

原來慈濟志工在帳棚區完成，災民進住之後，每個月都持續關懷，並贈送物資。法蒂瑪的母親就把慈濟送的毛巾細心收藏起來，用漂亮的碎花布縫成花邊，成為精緻的飾品。

「我一定要送一條給你，這是慈濟送的、媽媽做的。」法蒂瑪真誠地送了周如意一件最珍貴的紀念品。

暌違二十年，陳竹琪再度踏上土耳其土地上，看到六千多戶敘利亞難民來領善款；看見三千多個敘利亞小朋友的歡笑；看見義診中心施醫施藥，解除病苦……

附錄二　神鵰俠侶

這天中午，周如意到幼兒園接了兒子凱凱，打了個電話給胡光中，沒有接。她感覺有點奇怪，又想他可能正在忙，也不在意。

第二天是二〇〇一年十月十三日，慈濟大愛電視臺做一個特別節目，要連線訪問他，並讓他們唱〈愛灑人間〉這首歌。

周如意說：「五歲的兒子凱凱唱中文版；我唱土耳其文版；胡光中唱阿拉伯文版。我們天天在家裏練唱。」

「愛灑人間」是慈濟發起的一個運動，緣起於前一個月在美國發生的九一一恐怖攻擊事件。恐怖分子挾持民航客機衝撞紐約世貿中心雙塔，以及五角大廈，造成約三千人死亡。

此一自殺攻擊不只震驚美國，全世界的人都陷入惶惴不安的情緒。證嚴法師痛心「天災不斷，人禍屢起」，認為要安住人心，就是要呼籲全球一起來懺悔。

「驚世的災難，必須有警世的覺悟；警示的大覺悟，必定要有徹底的大懺悔。」因此發起「愛灑人間」運動，希望能將「愛」遍灑人間。

由王端正作詞，音樂人李子恆、李壽全作曲的〈愛灑人間〉也傳唱開來。

十月十三日——偕音「一人一善」「遠離災難」。大愛電視臺製作一個特別節目，在十三日這天，與全球慈濟人連線，土耳其胡光中夫婦也是其中之一。

「我找不到光中，就打電話問他的祕書，祕書說也沒見到他。」周如意說：「剛開始，我以為他和祕書聯合起來，跟我開的一個玩笑。」

下午、晚上，胡光中都沒消沒息，周如意開始著急了。公司員工、熟識的朋友，一一打電話去詢問，都說沒有跟胡光中聯絡過。

「會不會他偷偷出國了？」周如意興起這樣一個念頭，馬上被打消：「不會的，要出國他會跟我講。」

到了晚上，公司同事、留學生、朋友紛紛到家裏關心，大家都覺得事有蹊蹺，胡光中不會無緣無故搞「失蹤」的呀！

「會不會——」大家面面相覷，說出很難出口的話：「交通事故？」

有人立刻去查，當天伊斯坦堡沒有嚴重的交通意外啊！

「他會跑哪兒去了？」周如意已經六神無主：「最起碼，他應該打個電話回來。」

一屋子的人都沒吃飯，後來有人外出買些食物回來，周如意哪吃得下？熬到半夜，五歲的兒子雲凱睡了，朋友沒有一個離開。

「還好那天晚上有那麼多好朋友陪著我，要不然我都不知該怎麼過？」周如意說：「到了凌晨三點，都沒有胡光中的消息，我們才去警察局報案。」

第二天是星期六，朋友還是陪著周如意。一直到中午，胡光中打了個電話回來。

「你跑到哪裏去了？一個晚上沒消沒息……」

「好了！好了！沒事了！回家再說。」胡光中說：「現在還有人在後座跟著我，待會兒再跟你說。」

原來，他才被「放」出來，有兩個人帶他去取車。

胡光中「失蹤」二十四小時，他去了哪裏？

原來為了翻譯〈愛灑人間〉那首歌，透過電話，和巴勒斯坦同學字斟句酌，將歌詞翻成阿拉伯語，被誤認為恐怖分子，被祕密警察擄走，讓他經歷了一場莫名其妙的「劫難」。

自從九一一事件之後，全球風聲鶴唳，難怪胡光中和巴勒斯坦同學討論歌詞，會被「盯上」，進而演出一場「祕密警察」抓「恐怖分子」的烏龍戲碼。

「我從小生長在一個穆斯林家庭，奶奶和爸爸、媽媽都是虔誠的穆斯林。」胡光中說：「小時候，奶奶都會帶我到臺北的清真寺學阿拉伯語。」

胡光中上有兩個姊姊，他是家中獨子，小名叫「小洋」。爸爸胡亞飛曾任光武工專校長，媽媽葉立婉是國中老師。

國中的時候，胡光中的奶奶和爸爸要去麥加朝覲，他們問：「小洋，你希望我們帶什麼東西回來給你啊？」

「帶一顆石頭、一把沙子和一把彎刀。」

胡光中如願了，摸著彎刀，他更加嚮往阿拉伯世界。因為一直憧憬，心不在焉，功課一落千丈，胡光中被編到後段班去。老師告訴他：「寧為雞首，不為牛後。」他茫茫然，不明白讀書跟「雞」和「牛」有什麼關係？

「『阿里巴巴和四十大盜』的故事對我的誘惑太大。」胡光中說：「期待有一天，也能去朝聖，去阿拉伯世界遨遊。」

說也奇怪，因緣很快就來到，北非的利比亞政府，招收臺灣學生去就讀。當年，胡光中高中聯考考得不理想，媽媽就提議，讓他去利比亞讀書好了。

奶奶和爸爸也贊成，經過甄試錄取後，十六歲的胡光中就和另外四個臺灣學生，飛到一個完全陌生的國度，去當「小留學生」。

「我先在小學讀了兩年，初中讀一年，高中也只讀一年，就跳級到大學去。」胡光中說：「我讀的大學當時叫嘉里尤尼斯大學，就是現在的班加西大學。」

小小年紀的胡光中，特別想家，尤其是媽媽做的家常菜。母親心疼兒子，經常給他寄去豆腐乳、醬油……

母親葉立婉說：「我寄的都是很便宜、很普通的東西，但是郵費很貴。」

一九八六年四月，美國空襲利比亞。十五日那天凌晨，飛機轟轟轟地在頭頂上盤旋，胡光中和泰國同學躲在他們戲稱「中泰賓館」的宿舍內，嚇得不敢出來。

「後來出來一看，好多同學聚在餐廳一起看足球賽，他們一點都不在乎。」胡光中說：「同學來自世界各國，很多人身經百戰，身上都是彈痕纍纍，美軍的轟炸，算是小事一樁。」

為這次嚇破膽的轟炸，胡光中還寫了一首打油詩：「風聲鶴唳草皆兵，老美轟炸班加西；護照美金帶鞋子，一有狀況跑埃及。」

此後好幾年，胡光中說：「聽到打雷聲音，我都好害怕。」

暑假期間，胡光中都回來臺灣和親人團聚；有些同學就留在利比亞，學開飛機、開坦克車，預備將來做一個傑出的戰士。

一九八六年暑假回來，認識了一群年輕的朋友，其中一個十六歲的女孩特別引起他的注意，她就是武陵高中的周如意。

「如意十六歲，我十七、八歲。」胡光中說：「以後我們就用書信往來。」信寄出去，一個月才能收到，算是遠距離的交往。

周如意說：「他在信裏告訴我，常常被迫去抄陌生人的家，要砸壞豪宅裏的家具，焚燒美國國旗等等，他心裏面對這種事很不解，很掙扎，很厭惡。」

胡光中在穆斯林家庭長大，受到很好的宗教教育，要惜福愛物，不可毀損。雖然如此，但是幾次暴力的破壞狠砸，造成他心態上的不平衡，脾氣變得又急又乖戾。

「他放假回來，我們一起去吃飯，他再三叮嚀不可放豬肉、豬油。」周如意說：「後來看到湯裏有火腿，氣得要砸人家的店。」

美軍轟炸之後，雷根總統下令停止與利比亞的經濟和貿易關係，並凍結利比亞在美國的資產。利比亞等同被制裁，國內陷入物資缺乏的窘境。

胡光中說：「我看到為了搶麵包出人命，為了搶洗衣粉也會出人命。為什麼要戰爭，戰爭真殘酷，受罪的還是無辜的老百姓。」

一九九三年，胡光中大學畢業，回到臺灣，與相戀多年的周如意結婚。服役兩年後，三十一歲的胡光中，一口流利的阿拉伯語，在臺灣居然找不到合適的工作。

「我先到中國大陸，也沒有機會；後來來到土耳其，這是一個穆斯林國家，感覺對了，就留下來，創業做生意。」

周如意在臺灣，擔任美語老師、幼教老師、業務助理，和先生聚少離多。一九九六年七月，兒子胡雲凱出生，胡光中依然在外拚搏的時間多。

「有一次，公公婆婆建議我去土耳其，他們替我看孩子。」周如意說：「我去了十三天，胡光中租了車子帶我去玩，很開心。但回臺灣時，我是一路哭回來的。」

第二次去三個月，家裏經常招待臺灣和大陸留學生，熱鬧非凡。周如意經常做中式的飯菜給大家吃，因此他們家也被戲稱為「胡家小館」。胡家成為留學生「留宿」的地方，小小的屋子可以多容納五、六個大孩子。

周如意確定能適應土耳其的生活，夫妻倆才把兒子接過來，一家團圓。無奈創業維艱，在公司還沒站穩腳步時，有股東突然宣布退股，面對危機，兩人身上只剩兩千塊美金。

屋漏偏逢連夜雨？「有一次和一、二十位留學生去水邊野餐時，皮包被偷了，錢和手機都丟了。」

怎麼會發生這麼倒楣的事？懊惱了一下下，周如意轉念一想，跟胡光中說：「唉！算了！一定有人更需要這筆錢，就給他吧！」

周如意說完，頓覺輕鬆起來；胡光中也佩服妻子的淡定和善解，好吧！錢再賺就有，加把勁再努力吧！

說也奇怪，當他們念頭轉為正向，訂單就來了！而且源源不斷……真是「山窮水盡疑無路，柳暗花明又一村」。

一九九九年八月十七日，土耳其大地震，胡光中認識慈濟後，投入勘災、發放、興建大愛屋和帳棚並且成為慈濟第一位穆斯林的海外負責人。

「大地震之後，我們還是經常到歌覺和都覺去發放。」胡光中說：「除了一般物資，還針對需要，發放尿布和奶粉。」

二〇〇一年，有驚無險地被誤認為恐怖分子，軟禁了二十四小時外，公司事業和慈濟慈善，都很順利發展和進行。伊斯蘭教和佛教相容與相融，讓胡光中也覺得因緣不可思議啊！

二〇〇二年，又從天而降一個「大禮物」，就是臺商余自成。

余自成經營進口汽車零件，到土耳其二十多年，講得一口流利的土耳其語。他經由臺商朋友介紹，認識胡光中，並且到「胡家小館」吃了一頓飯，驚訝穆斯林竟然成為佛教慈濟的負責人。

「我本來就是慈濟會員，也很愛拍照，認識胡師兄後，他們需要攝影志工，我就當仁不讓了。」

自從余自成加入，他不但拍照，還學會錄影、剪接，為慈濟在土耳其所走過的足跡，留下珍貴的歷史。

二〇〇三年十二月二十六日伊朗巴姆市（Bam）發生六點七強震，奪走四萬條人命。慈濟基金會發起賑災，胡光中和約旦的陳秋華，以及臺灣的慈濟志工會合展開救援。

重災區超過九成的房屋夷為平地，兩千年古城也一夕灰飛煙滅。慈濟志工勘災和賑災同時進行。大家都是經驗豐富，所以採購、發放都相當順利。臺灣來的醫療團，也立刻展開義診；並且與當地政府討論援建學校等中長期計畫。

「第一次去伊朗時，有中央社的記者郭傳信一道去；第二次去是二〇〇四年一月，有三個學生陪同，一位是臺灣的沈瑞翔、一位是大陸的馬思明，另一位是印尼留學生瓦第（Wadi）。」胡光中說：「年輕人去災區可以幫很多忙，更重要的是他們可以見苦知福。」

隔了兩年，二〇〇五年十月八日，巴基斯坦東北方的巴屬喀什米爾發生芮氏規模七點六強震，造成嚴重傷亡，鄰國印度、阿富汗也傳出災情。

慈濟花蓮本會自震災日起，持續蒐集與分析災情訊息，並展開物資籌措和運輸聯繫等工作。約旦陳秋華、土耳其胡光中先發到災區，和當地政府聯繫救援事宜。

「上人曾笑說：你們是慈濟派出的最小的勘災團。」胡光中回憶說。

十月十八日，慈濟第一梯次賑災醫療團啟程，十五名團員由土耳其、約旦、印尼、馬來西亞、臺灣五地志工，以及一位旅居臺灣的巴基斯坦籍翻譯志工組成，其中包括兩位醫師；七百公斤的毛毯與藥品也自臺灣空運至巴國。十九日，抵達巴國後，即前往巴格姆城（Battgram）勘災。

因為時序即將進入冬天，十月底，胡光中返回土耳其採購帳棚、毛毯以及食物。

「除了帳棚是購買的以外，其他毛毯、花生醬、芝麻醬、乾糧等，都是廠商和朋友捐的。」胡光中說：「這些物資裝好要飛巴基斯坦時，我卻被『放鴿子』。」

二〇〇六年元月，胡光中還飛去巴基斯坦發放鍍鋅片，讓災民禦寒。沒有想到，此後妻子周如意竟罹患憂鬱症，一、兩年後，胡光中自己也有相同的疾病，而且一拖好幾年。

周如意不知何時憂鬱症找上門。她說：「每天醒來，好像只剩下呼吸。對周遭的一切都提不起興趣，甚至懷疑：我活著是為了什麼？」

到人多的地方，她會慌張，好像掉到一個大海中，茫茫然，心驚膽跳，一直想抓到一根浮木，但浮木在哪裏？

胡光中覺得太太變得很奇怪，但沒意識到這是生病了，只叫她別胡思亂想。周如意就這樣痛苦地過了一年多，慢慢的，在花草盆栽中，恢復了一點一滴的生機。

「我去買植物，看著它成長，覺得生命實在奧妙。」周如意說：「它們都很努力活著，為什麼我不能呢？」在花花草草的陪伴和啟示中，周如意逐漸復原了。

沒想到妻子才剛恢復健康，胡光中也莫名其妙地出現異常。

他說：「看到很多人，我就不由自主地窒息起來。我沒有辦法去餐廳吃飯，也沒有辦法跟員工開會。」

好像潘朵拉的盒子被打開了，許多奇奇怪怪的「東西」都跑出來。「很多負面的想法占據了我，讓我無法正常生活。」

二〇〇八年大愛劇場拍攝胡光中的故事《真情伴星月》，黃克義導演帶領劇組到土耳其出外景。胡光中身為男主角本尊，卻因為嚴重的憂鬱症困擾，沒能好好招待大家，一直心生愧疚。

「播出的時候，一般本尊都會上『大愛會客室』去談自己的故事，我一次也沒去。」胡光中說：「那時是怎麼走過來的？自己也說不清楚。」

他也曾去找醫師，但是吃了藥，身體的反應讓他受不了，只好作罷。

那段時期，幸虧公司同仁的體諒和努力，業績反而變得非常好。胡光中只能跟高階主管交代事情，什麼事情也不能做，連慈濟的事也放在一邊，他心懷愧疚，還想過是否辭掉負責人一職？

胡光中回來臺灣，也不跟任何人聯絡。謝景貴的母親知道了，趕緊通知兒子：「你兄弟出問題了，快去看他。」

謝景貴從花蓮趕來臺北，鼓勵他去見證嚴法師。胡光中搖搖頭：「這幾年什麼事都沒做，沒臉見上人。」

二〇一三年九月，他鼓起勇氣，帶著妻子周如意和兒子胡雲凱去麥加「副朝覲」，除了「正朝覲」之外，任何時間都可以進行「副朝覲」。

「副朝覲」人不多，儀式也簡單一些，但虔敬的心絲毫不減。回來以後，胡光中將旅程和心得貼上臉書，引起臺灣伊斯蘭教協會的注意。

十五天後，胡爸爸打電話告訴他：「今年朝覲團想請你當團長。」胡光中嚇了一跳，過去的團長不是德高望重的將軍，就是立法委員，怎麼可能輪到他？

「人多的地方我就會『窒息』，朝覲前要和重要的單位開很多會，朝覲時有幾百萬人，我怎麼受得了？」胡光中煩惱得不得了。

胡爸爸說：「朝覲團需要能懂阿語、英語和中文的人，而且又要有朝覲經驗，這些條件你都符合，是最佳人選。為大家服務，你不要錯失機會啊！」

爸爸的期許，又能為教友服務，莫非這是真主阿拉的旨意？胡光中答應了。兩個月後，他來臺灣帶了二十五位教友去到沙烏地阿拉伯的麥加。

一個晚上，大家分享心裏的話，胡光中不諱言他罹患憂鬱症及恐慌症，擔心明天怎麼去繞行天房？

「我陪你——」一位巴基斯坦人，名字叫漢（Khan）的團員，緊握他的手說：「不要怕！明天我帶著你一起走。」

第二天，漢牽著胡光中，跟著數百萬人逆時針繞行天房，因為人實在太多，不多久，團員都沖散了。

「最後只剩下我們四個人：我和漢；還有一對年輕的夫妻。」胡光中說：「臺灣慈濟志工游春美的兒子，他的太太是約旦人，也是陳秋華的跆拳道女弟子。」

在漢的陪伴下，胡光中順利繞行天房七次，他感恩真主阿拉，終於通過考驗了，他再也不怕了！

接下來的種種儀式，胡光中都順利進行，面對數百萬人的活動，他以滿腔熱血和虔敬的心，為團員提供完美的服務。

完成了穆斯林「五功」之一的「朝覲」，胡光中恢復了很大的信心。

二〇一四年，一趟約旦安曼的發放之行，再一次肯定自己，徹底掙脫了困擾他多年的精神桎梏。

二〇一一年三月，敘利亞爆發內戰，許多人逃往鄰國。約旦的慈濟負責人陳秋華從二〇一二年開始關懷、救助敘利亞難民。

胡光中說：「二〇一三年，陳秋華曾邀我去約旦協助發放，那時我的精神狀況還不是很好，所以沒有去。」

隔年三月，陳秋華再邀胡光中協助發放。胡光中勉強到了安曼，眼看著同是穆斯林的敘利亞人愁苦著臉，領取遠自臺灣來的愛心物資，心裏五味雜陳，覺得自己還是很幸運的。

阿拉伯語流利的胡光中，在發放期間大大起了作用，敘利亞人對他訴苦，他傾聽；也用阿拉伯語撫慰他們：苦難終會過去，要堅強面對，真主阿拉會保佑你們。

回到伊斯坦堡，胡光中感慨萬千，跟穆斯林朋友談起：約旦有那麼多敘利亞難民，土耳其邊境應該也有，我們去看看。

四月，胡光中、周如意和幾位朋友，搭機飛到土敘邊境大城加濟安泰普，看到無邊無際的難民營，原來土耳其是收容敘利亞難民最多的國家，他們接納並善待，不稱「難民」，而稱「遷徙者」。

「遷徙者」有其典故：公元六二二年，先知穆罕默德在麥加受當地人排擠、迫害，而被迫遷徙來麥地納，被猶太人收容、照顧，並在這裏建立最早的伊斯蘭教。

因此，逃難的人皆稱「遷士」或「遷徙者」；出手相助的人稱「輔士」、「勝利者」或「支持者」。

土耳其政府對敘利亞的「遷徙者」，釋出善意說：他們是我們的鄰居、我們的朋友、我們的客人。

但是，對蜂擁而至的難民，雖然有聯合國難民署的支援，土耳其政府還是感覺吃不消。

需要提供基本的食物和醫療，人愈來愈多，提供的資源就會被「稀釋」掉了，所以難民營裏，生活之苦可想而知。

再次回到伊斯坦堡，他打電話到臺灣給慈濟慈發處，說：「我去了南方邊境，那裏有很多敘利亞難民。可是，太遠了，伊斯坦堡到邊境有一千五百公里，光是搭飛機就要一、兩個小時，我們要去做難民關懷，實在太遠了。」

慈發處專員王懿杭問：「那你們伊斯坦堡有沒有難民呢？」

有沒有難民？胡光中後來發現伊斯坦堡還真的有難民，於是，「怎麼幫助難民呢？」他心心念念，輾轉難眠。

被憂鬱症困擾了五、六年，最後因為心懷「難民」，慢慢的，胡光中破繭而出。原來「幫助別人」就是「拯救自己」最好的法寶。

胡光中和周如意，像小說裏的神鵰俠侶，飛越八千公里，在土耳其幫助敘利亞難民，寫下一頁傳奇。

二〇一八年十二月二十九日，在伊斯坦堡金角灣會議中心（Halic

Congress Centre），土耳其總統艾爾多安和胡光中等十一位慈濟志工有了第一次的會面和接觸。

「我在總統面前號啕大哭，以致後來他說什麼，我都沒聽到。」胡光中又好笑又有點難堪地說：「真是失態，但我實在控制不住。」

前一天，馬來西亞慈濟雪隆分會執行長簡慈露，率領三十五人的關懷團來訪，他們參觀了慈濟義診中心、滿納海國際學校，受到兩千多位學生的熱烈歡迎。

大馬成功集團陳志遠和頂級手套集團林偉才都是團員之一，事先已經受邀和土國總統會晤，直到二十九日才敲定下午在伊斯坦堡見面。

雙方在相互介紹後輕鬆地展開，簡慈露說：「他們先談足球，這是大家都喜歡的話題。」

陳志遠送了一件卡迪夫城（Cardiff City）的一號球衣給艾爾多安，這是陳志遠在英國所擁有的一支足球隊。

談完足球，總統歡迎在場的跨國企業家也能到土耳其投資。陳志遠鄭重地介紹胡光中：「他是在土耳其多年的華裔企業家，也是慈濟基金會在土耳其的負責人。」

胡光中「接了球」，用土耳其語跟總統致謝：「我來土耳其已經超過二十年了，這裏就是我的第二故鄉。」

他簡單扼要地介紹慈濟：「這是遠在八千多公里外的一個基金會，在全世界五十多個國家設有分支會，援救過將近一百個國家。」

「四年多前，我們在伊斯坦堡開始做難民關懷，有慈善、教育和醫療。」胡光中說：「現在我們的學校碰到很大的問題，只有一個人能幫上忙，就是總統您——」

「啊？我？」總統很意外，問道：「誰說的？」

「教育局長說的。」

胡光中把學生拿不到土耳其學籍的困難陳述後，總統說：「好！我可以幫忙——」

總統話還沒說完，胡光中「哇」的一聲哭出來，把大家都嚇一大跳。胡光中說他一直想控制住，但是沒辦法，就哭個不停。「真是失態！」

後來聽在場的人說，總統叫人請祕書進來，說：「他再哭，我也要哭了。」祕書進來，總統交代：「這位先生需要的東西，都盡量幫忙他。」又說：「若學校太小，不夠用，就提供一塊土地，讓他們蓋學校。」

「免費的唷！」總統身邊的人補充道。

「當然，當然，免費的——」總統說。

這時陳志遠提了一下：「報告總統，胡先生的夫人在外面，可不可以請她進來？」

「快請！快請！」總統說。這時，胡光中情緒總算穩定下來了。

周如意見到總統後，用流利標準的土耳其語向他問好。艾爾多安驚訝地說：「你的土語說得真好啊！」

「我已經來二十幾年了。」周如意說。

總統說：「你先生剛剛哭得很厲害。」

「謝謝總統，許多年來，您接納了四百多萬的敘利亞難民，我們以您為榮。」周如意說：「我們基金會也是跟您一樣，基於人道精神，對難民伸出援手，拉他們一把。」

總統看看這一對夫妻，顯然相當動容，他又問：「你們有幾個小孩？」

「一個，現在在安卡拉讀大學。」周如意答：「不過，幾千個敘利亞孩子也是我的孩子啊！」

總統靜靜聽著，周如意又說：「土耳其的孩子也是我們的孩子。」

總統還是靜靜聽著，周如意又說：「總統！他們也都是您的孩子！」

說到這裏，聽懂土語的人都笑了起來，總統也點頭同意。周如意很感動，後來她分享：「我覺得總統就是一個很仁慈的長者。」

胡光中說，這一場會晤，總統艾爾多安非常認同慈濟的理念，不分宗教、國界、種族。他仔細聆聽我們的報告，並承諾協助。

「最後總統還問我們有沒有土耳其籍，我們說沒有。他就叫祕書趕快給我們辦土耳其的身分證。」

一場慈濟和總統的相遇，就在滿滿的感恩和歡喜中暫告一段落。

土耳其慈濟志業大事紀

一九九九

◆8月19日～31日，土耳其於八月十七日發生強震，慈濟派員前往勘災並進行發放，共計發放三千張防水床墊、六千條毛毯予伊茲米特市及阿牟西拉省災民。

◆9月18日，與歌覺市政府洽談簡易屋興建事宜。

◆10月6日，與歌覺市政府進行大愛屋土地簽約儀式。

◆11月13日，土耳其於十二日傍晚發生強震，緊急採購五千條毛毯，前往博魯重災區都覺市發放。

◆11月22日，確定都覺市慈濟帳棚區用地，開始施工。

◆11月29日，歌覺大愛屋工地附近的德沙那小學三位老師，請求援建該校四間簡易教室。

二〇〇〇

◆ 1月13日，歌覺市三百戶慈濟大愛屋、德沙那小學四間臨時教室捐贈儀式，並發放民生物資、電暖爐、熱水器、床組、窗簾等予入住災戶。大愛屋每戶約十一坪，包括一房一廳一衛浴和一廚房，社區內設有禮拜堂、公園、警衛室、醫療站和籃球場等公共空間。

◆ 1月14日，都覺市兩百頂大型禦寒帳棚捐贈儀式，並逐戶發放民生物資、晾衣架、滅火器、兩組床具，同時進行居家慰問與關懷。

◆ 1月15日，土耳其聯絡點在伊斯坦堡成立，負責人胡光中提供自宅作會址。

◆ 2月～12月，每月一次到歌覺市大愛屋和都覺市帳棚區關懷，發放物資給照顧戶，並針對三歲以下孩童發放尿布和牛奶。

二〇〇一

◆ 10月12日，針對美國九一一事件，慈濟發起「愛灑人間植福田」運動，胡光中因翻譯〈愛灑人間〉歌詞，被誤為恐怖分子，遭祕密警察逮捕審問。二十四小時後，證明誤會一場而獲釋。

二〇〇二

◆ 1月29日，協助臺灣受害女子家屬，安排接機、住宿、辦理喪葬事宜等。

◆ 12月1日，準備兩百四十四份冬令物資，包括米、油、豆子、牛奶、茶葉和日用品、舊衣等，予歌覺市大愛屋住民。

二〇〇三

◆ 12月30日，伊朗巴姆市於十二月二十六日大地震，土耳其、約旦志工與臺灣勘災小組會合，展開災情評估與物資發放。

二〇〇四

◆ 1月21日，再赴伊朗賑災，評估中長期援助計畫。

二〇〇五

◆ 10月19日，巴基斯坦喀什米爾於十月八日發生大地震，土耳其與約旦志工就近赴災區勘災。

◆ 11月3日，於土耳其緊急採購四十三噸物資，包括帳棚、毛毯、乾糧等，以專機運抵巴基斯坦伊斯蘭馬巴德，援助地震災民。

二〇〇六

◆ 1月25日～28日，前往巴基斯坦訪視災民，並發放鋅片一千一百一十八片，予三十二戶災民蓋屋禦寒。

二〇〇七

◆ 7月12日，臺灣慈濟骨髓幹細胞中心首例送髓至土耳其。

二〇一四

◆ 2月22日，前往約旦安曼，加入臺灣北區慈濟人醫會發起的義診活動，並參與照顧戶、敘利亞難民、貝都因族群等物資發放和關懷。
◆ 4月，到土耳其邊境難民營探訪。
◆ 5月，為伊斯坦堡的敘利亞難民發起募捐。
◆ 6月，到庫酋克帕薩區發放物資予敘利亞難民。
◆ 9月8日，返臺向證嚴法師報告土耳其會務，以及敘利亞難民援助計畫。
◆ 10月1日～11月4日，展開敘利亞難民冬令發放籌備工作，包含採購比價、物資卸貨搬運、分裝打包、拜會地方官員、勘查場地和評估動線，乃至造冊，核對發給每戶的物資領取單。
◆ 10月6日，於伊斯坦堡北部加齊奧斯曼帕薩及阿爾納武特市，提供敘利亞難民每戶米、油、糖、義大利麵及雜糧等約三十公斤物資，共五百一十戶。發放前置作業採以工代賑方式，邀請敘利亞難民協助打包。

◆ 11月8日～9日、15日～16日，陸續於阿爾納武特市、蘇丹加濟市，發放毛毯一萬條及冬令物資予敘利亞難民，共一千零一十戶受惠。

◆ 12月27～28日，發放燃料費（每月土幣一百七十元，共四個月）及現值卡（每月土幣一百元，共十二個月），予兩百戶特別貧困的蘇丹加濟市敘利亞難民。

二〇一五

◆ 1月23日，與蘇丹加濟市政府、敘利亞難民教師合作，設立滿納海學校，共有五百七十八位敘利亞難民孩童註冊。

◆ 4月25日～26日，發放物資予蘇丹加濟市及阿爾納武特市敘利亞難民，共一千三百八十戶受惠。

◆ 7月24日，陪同土耳其蘇丹加濟市教育局長亞伯拉罕、前副市長貝克寇趣，以及敘利亞籍主麻教授會見證嚴法師，感恩慈濟對當地敘利亞難民孩童的協助，並為打工生請命。法師慈示，由慈濟發工資給學生家長做「家庭補助金」，讓孩子去上學。

◆ 10月12日，成立滿納海中小學第二校區，招收學生一千兩百八十九人。

◆ 10月16日～23日，臺灣志工組團前往土耳其，協助發放米、糖、油等十六項生活物資及五十元土幣現值卡予一千五百戶敘利亞家庭，另發放一百元現值卡予一千戶敘利亞家庭；致贈文具予滿納海中小學學生，並發給每個班級足球、飛盤、樂高等；發放生活補助金予一百五十二位難民學童。

二〇一六

◆ 2月6日，與蘇丹加濟市政府簽訂合作協議，提供敘利亞難民慈善救助、醫療服務、教育資助、協助辦理人文活動等人道援助。

◆ 3月7日，蘇丹加濟市政府協尋場地作新會所，地下室為土耳其聯絡點，

一、二樓設義診中心，提供家醫科、牙科、眼科、內科、小兒科與婦產科診療，不到三個月已照護超過一萬人次敘利亞難民。

- 3月13日，在會所舉行小型發放，共兩百戶敘利亞家庭獲得冬季燃料費補助。
- 3月22日，成立滿納海中小學第三校區，招收學生九百六十人。
- 5月7日，齋戒月前夕，發放購物卡予蘇丹加濟市敘利亞難民，共發放三千戶。
- 7月5日，土耳其聯絡點升格為土耳其聯絡處。
- 7月15日，土耳其發生政變，一日便宣告失敗，七月二十日開始全國進入緊急狀態，為期三個月。
- 10月3日，滿納海中小學第四校區成立，招收學生四百二十人。
- 10月15日，英國牛津大學出版社出版的《宗教研究：佛教介紹（GCSE Religious Studies for AQA A: Buddhism）》，列入慈濟在土耳其及塞爾維亞關懷敘利亞難民事蹟，文中講述在戰爭中，慈濟如何把佛陀的教法付諸實際行動，幫助流離在各國的敘利亞與中東國家難民。

◆ 12月16日，臺灣外交部駐土耳其代表處代表政府，訪問慈濟在伊斯坦堡蘇丹加濟市成立的敘利亞難民義診中心及滿納海中小學，並為捐建的電腦教室進行剪綵與掛牌典禮。

二〇一七

◆ 1月9日、2月2日，納海學中小學第五、第六校區成立，共招收學生六百七十七人。

◆ 7月19日，大雨成災，關懷受災的難民家庭，採購床墊、床架、椅子等家具，共六十一戶受惠，另有四十戶發放急難救助金。

◆ 8月9日，承租大樓作為滿納海學校新校舍，讓原本借用土耳其學校校舍的敘利亞難民學生能安心讀書。

◆ 9月25日，滿納海新校舍啟用，可容納一到五校共兩千三百七十一位學生；第六校區因人數增至六百五十八人，又拆分成第七、第八校區，借用當地學校校舍上課。

二〇一八

◆ 3月29日，臺灣臺中鄭女士在土耳其旅遊期間昏迷送醫，不幸往生。土耳其慈濟志工主動聯繫家屬後展開關懷，與駐安卡拉臺北經濟文化代表團、旅行社及當地臺僑共同協助家屬處理後續事宜。

◆ 7月，土耳其教育當局來函，若無國際學校證書，將關閉滿納海學校。

◆ 8月7日，美國教育認證機構副總裁凱姆，頒發美國學校認證證書給滿納海學校。

◆ 8月31日，滿納海學校遭惡意攻擊，土耳其政府下令關閉學校。

◆ 9月，難民聯名向土耳其政府陳情，四天內有一萬八千人響應。

◆ 9月14日，土耳其政府核可慈濟基金會在當地註冊。

◆ 10月10日，滿納海學校查無不法，重新開放。

◆ 10月16日，陪同土耳其開塞利省副省長阿里與兒子哈肯，來臺拜會證嚴法師，並呈土耳其慈濟基金會證書及滿納海學校證書。

◆ 10月，土耳其政府提供更大空間，成立「遷徙者健康中心」三號。

◆ 11月24～27日，臺灣關懷團前往支援滿納海國際學校發放、蘇丹加濟市家訪，共六千四百戶敘利亞難民受惠。

◆ 11月26日，慈濟於蘇丹加濟市所開辦的滿納海學校，獲得土耳其教育部核准成立，完成小學部、中學部、高中部掛牌儀式，改名為「滿納海國際學校」。

◆ 12月28～30日，馬來西亞雪隆分會志工一行四十餘人，前往土耳其蘇丹加濟市關懷敘利亞難民，與當地志工一同進行發放及家訪，並參觀滿納海國際學校、慈濟義診中心，分別送上書包、醫療手套等物資。

◆ 12月29日，土耳其總統艾爾多安接見胡光中夫婦。

二〇一九

◆ 1月22日，為伊斯坦堡市境內的葉門難民大學生，提供教育津貼補助，共計四十人，其中三人為碩士生。

- 4月12日，聯合國難民署駐土耳其高級專員西南（Sinan Ozyurek），以及世界地方行政和民主學院基金會（WALD）成員等一行五人，參訪滿納海國際學校，與慈濟志工進行交流，了解慈濟援助難民的作法。
- 4月13日～14日，針對敘利亞難民舉行大型發放，提供BIM超市購物卡予四千兩百八十九戶家庭、補助冬季燃油費四百五十五戶、補助貧困家庭一千一百一十九戶。期間，土耳其慈濟為非洲伊代氣旋受災三國災民募款，共募得約四萬兩千元臺幣，捐入慈濟國際賑災基金。
- 5月3日，美國教育認證機構由副總裁凱姆帶領數位教授前來土耳其評鑑所認證的數家教育機構，滿納海國際學校首次接受教學成果評鑑。

參考書目

1.《大愛映星月：一九九九～二〇〇〇土耳其、科索沃慈濟志工關懷行》，謝景貴等著，二〇〇〇年四月，慈濟文化志業中心。

2.《烽火邊緣 愛的約定》，葉子豪著，二〇一四年四月，慈濟傳播人文志業基金會。

3.《敘愛——慈濟援助敘利亞難民紀實》，慈濟基金會人文志業發展處，二〇一八年一月，聯經出版公司。

4.《走入敘利亞破碎的心臟：請不要遺忘我們！我重返故鄉，見證那些困守內戰的人們怎麼愛、怎麼活》，薩瑪．雅茲別克（Samar Yazbek）著；許恬寧譯，二〇一七年八月，遠足文化。

5.《穿越百年中東》，郭建龍著，二〇一七年三月，平安文化。

【電視、電影】

1. 《回眸來時路》〈愛在土耳其〉上、中、下，慈濟大愛電視臺。
2. 《大愛人物誌》〈教育是未來的希望〉，慈濟大愛電視臺。
3. 《大愛全紀錄》〈那一條回家的路上〉、〈凱西的奇異旅程〉、〈敘利亞來的訪客〉、〈國境漂流〉、〈沙漠中的甘泉〉、〈飛越戰火的希望〉、〈與愛同行〉，慈濟大愛電視臺。
4. 《私人戰爭》，美國 Acacia Filmed Entertainment 等四家公司，二〇一八年發行，二〇一九年在臺上映。
5. 《阿拉伯的勞倫斯》，英國 Horizon Pictures 公司，一九六二年出品。

【網路】

聯合新聞網《轉角國際》張鎮宏專欄。

地球村系列 006．土耳其

種在星月下的種子——土耳其慈濟援助敘利亞難民紀實

撰　　文／陳美羿
攝　　影／余自成、蕭耀華、黃世澤、周如意、許長欽
創 辦 人／釋證嚴
發 行 人／王端正
平面總監／王志宏
主　　編／陳玫君
企畫編輯／邱淑絹
特約編輯／吟詩賦
執行編輯／涂慶鐘
美術編輯／曹雲淇
出 版 者／慈濟傳播人文志業基金會
112019臺北市北投區立德路2號
編輯部電話／02-28989000分機2065
客服專線／02-28989991
傳真專線／02-28989993
劃撥帳號／19924552　　戶名／經典雜誌
印　　製／新豪華製版印刷股份有限公司
經 銷 商／聯合發行股份有限公司
231028新北市新店區寶橋路235巷6弄6號2樓
電　　話／02-29178022
出版日期／2019年7月初版一刷
2021年6月初版四刷
定　　價／新臺幣350元

國家圖書館出版品預行編目（CIP）資料

種在星月下的種子：土耳其慈濟援助敘利亞難民紀實／
陳美羿作.一初版.一臺北市：慈濟傳播人文志業基金會
2019.07／336面；15×21公分一地球村系列；6. 土耳其）
ISBN 978-986-5726-71-3（平裝）
1.佛教慈濟慈善事業基金會 2.社會福利 3.土耳其
548.126　　108011498